本丛书得到何东先生独资赞助

This series of books is financially supported exclusively
by Mr. Eric Hotung.

20世纪中国文物考古发现与研究丛书

古代服饰

华 梅／著

文物出版社

一　北京房山出土西周
　　玛瑙串饰

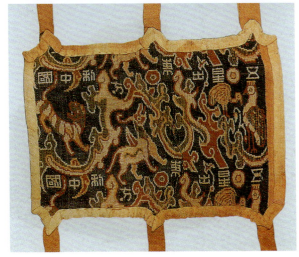

二　新疆民丰出土汉晋
　　"五星出东方利中
　　国"锦质护膊

五　福建福州出土宋紫灰绉纱镶边背子

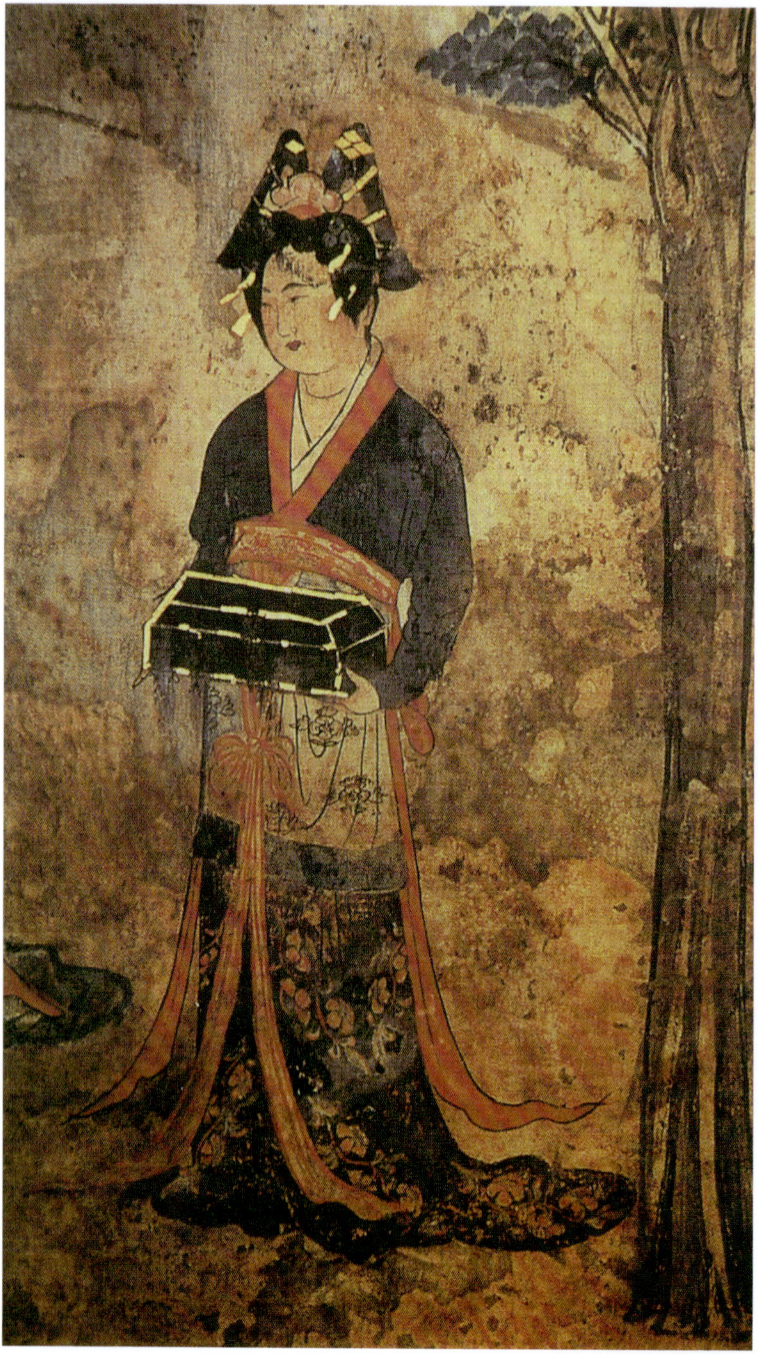

六　内蒙古赤峰辽墓壁画寄锦图

20世纪中国文物考古发现与研究丛书

序 / 张文彬

俗称"锄头考古学"的田野考古学的诞生以及中国考古学学科体系的基本完善，由此而引起的古物鉴玩观赏著录向科学的文物学的转变，是20世纪中国学术与文化界的大事。它从材料与方法两个方面彻底刷新了持续了数千年之久的中国古代史学传统，不但为中国学术界和文化界开拓出更加广阔的研究天地，也为一切关心中华民族悠久历史和灿烂文明的人们不断地提供了可贵的精神滋养和力量源泉。

仰古、述古、探古，进而考古，向来为我国传统文化中一个明显的学术特点。先秦时期诸子百家发其端，汉代司马迁撰写《史记》，北魏郦道元作注《水经》。他们对相关的遗迹遗物，尽可能地做到亲自考察和调查，既能辨史又可补史。这种寻根追源的治学态度，为后世学术上的探古、考古树立了榜样。此后，山河间的访古和书斋式的究古相继开展，特别是对古器物的研究，成了唐、宋时期的文化时尚。不少学者热衷于青铜铭文、碑刻、陶文、印章等古文字的考释，进而有了对器物的辨伪鉴定、时代判断、分类命名等，逐渐兴起了一门新的学问——金石学，涌现出许多著名的古器物鉴赏家和收藏家。只是囿于当时的历史条件，金石学家们无法了解所见文物的出土地点和情况，也难以涉及史前时代漫长的演进历程，因而长期以来始终脱离不了考证文字和证经补史的窠臼。即使如此，他们的艰辛努力和取得的成绩，还是为推动我国传统文化的发展起到了积极作用，并且在事实上也为中国考古学和中国文物学的起步铺设了最早的一段道路。

20世纪初，近代考古学由西方传入。中国学者继承金石学的研究成果，学习并运用西方考古学方法，开始从事田野考古，通过历史物质文化遗存，探寻和认识古代社会，揭示人类社会发展规律。早在1926年，中国学者就自行主持山西南部汾河流域的调查和夏县西阴村史前遗址的发掘。随后，我国学者同美国研究机构合作，有计划地发掘周口店遗址，发现了北京猿人。从1928年起至1937年，连续十五次发掘安阳殷墟遗址，取得了较大收获，引起了国内外学术界的重视。自20世纪50年代以后，随着国家大规模经济建设的进行，田野考古勘探、调查和科学发掘工作在全国范围内蓬勃有序地开展，许多重要的典型遗址和墓地被揭露出来，重大发现举世瞩目。它们脉络清晰，层位分明，文化相连，不仅弥补了某些地域上的空白，而且衔接了年代上的缺环，为研究中国古代史、文化史、科学史以及其他学科领域，提供了珍贵、丰富的实物资料，极大地影响着人文社会科学诸多学科专业的研究与发展。这段时间被学术界称为中国考古学的黄金时代。在马列主义理论指导下，具有中国特色的考古学理论体系和方法论逐渐形成。有关研究成果不仅极大地改变和丰富了人们对中国文明起源、中国古史发展等重大问题的认识，同时也扩展了中国文物的研究领域和研究方式。可以说，考古学的发展与进步，直接影响到文物学的形成与发展，而且影响到全社会对文化遗产重要作用的认识以及世界学术界对中国古代文明的重新认识。

从 20 世纪 80 年代开始，文物界就中国文物学的创立，逐渐取得共识，在共同探讨的基础上，初步形成了学科体系。不少学者发表了有关论文，出版了专著，就文物的历史价值、科学价值、艺术价值以及在社会主义的物质文明与精神文明建设中如何对文物进行有效保护、合理利用发表意见。这些研究成果已获得学术界的赞同。

在这世纪之交和千年更替之际，对中国考古学和中国文物事业作一次世纪性的回顾和反思，给予科学的总结，是许多学者正在思考和研究的问题。如果能通过梳理 20 世纪以来重大发现和研究成果，透视学科自身成长的历程，从而展望未来发展的方向，以激励后来者继续攀登科学高峰，无疑是一件很有意义的事。为此，经过酝酿、商讨和广泛征求意见，我们约请一批学者（其中有相当多的中青年学者）就自己的专长选择一个专题，独立成篇，由文物出版社编辑出版一套《20 世纪中国文物考古发现与研究丛书》，并以此作为向新世纪的献礼。

从某种意义上说，《20 世纪中国文物考古发现与研究丛书》是一套学科发展史和学术研究史丛书。其内容包括对 20 世纪考古与文物工作概况的综合阐述；对一些重要的考古学文化和古代区域文化研究情况的叙述；对文物考古的专题研究；对重要的文物考古发现、发掘及研究的个例纪实。

此套丛书的内容面广，而且彼此关联。考虑到各选题在某些内容上难免会有重叠或复述，因此在编撰之初，我们要求各选题之间互有侧重，彼此补充，以期为读者了解 20 世纪中国考古学和文物学的发展提供更多的视角。

我国的文物与考古工作，虽在 20 世纪得到了迅速发展，但仍有许多重大学术问题需要进一步探索。我们主持编辑这套丛书，除了强调材料真实，考释有据，写作态度严谨求实外，也不回避以往在工作或研究上曾经产生的纰漏差错和不足之处，以便为今后的工作和研究提供借鉴。虽然我们尽了很大努力，但限于水平，各篇仍很难整齐划一。由于组稿和作者方面的困难和变化，一些计划之中的题目也未能成书。这些不周之处，敬请专家、学者和广大读者批评指正。

在丛书编印过程中，我们得到了文物、考古界的广泛支持。何东先生在出版经费上给予了热情帮助。在此，一并深表感谢。

2000 年 6 月于北京

目　　录

插 图 目 录

前言

服饰文化是我国文明史的重要组成部分。在我国古代史籍中，有大量关于礼仪服饰典章制度的记载，但较为具体的形象，只有在珍稀的古画或《三才图会》等书中才可能见到。而要了解到更为生动、丰富的古代服饰资料，只能到象形文字或古代的遗物中去寻找了。就这一点而言，田野考古发现的服饰实物是最难得、最可靠的形象资料。可以说，没有考古学，没有古代遗物的出土，我们就无法真正了解中国古代的服饰文化。

近百年来，中国考古学有开拓性的进展。具体到服饰考古上，我们可以将20世纪前半叶称为人类对自身文化进程的自觉探索阶段，而后半叶则是收获颇丰、研究深入的发展阶段。

20世纪初，北京山顶洞人的项饰引起了人们对远古祖先服饰的关注与遐想。那些钻孔并涂抹赤铁矿粉的兽牙和海蚶壳向我们真实地显示了古人的智慧与虔诚。山西夏县西阴村的半个蚕茧和浙江钱山漾的炭化丝织物，无一不呈现出中国服饰的早期面貌。如果没有殷墟大墓的发掘，可能我们永远不会想到商代服饰上的花纹竟会如此绚丽。而没有仰韶遗址的发掘，我们也难以见到头戴尖顶帽的巫祝形象。

20世纪后半叶对于服饰考古来说，是一个辉煌的阶段。沂南汉墓画像石、望都汉墓、和林格尔汉墓及嘉峪关魏晋墓和唐章怀太子、懿德太子、永泰公主墓等墓室壁画中的服饰形象，使我们得以了解到当时的服装穿着式样。满城中山靖王刘胜夫妇墓中第一次出土了完整的皇族葬服——金缕玉衣，而长沙马王堆汉墓的出土物则在我国服饰考古中具有里程碑的意义。此后，江陵楚墓出土的数量可观、保存完好的服饰，更使人叹为观止，而秦始皇陵陶兵俑、三星堆铜人俑，更是立体地表现出当时人们的服饰形象。

考古学是一门严肃的学科，它的每一个发现，都会使人类对自身历史的了解从模糊逐渐走向清晰。因此，考古发现对于古代服饰研究显得尤为重要。

考古发掘中发现的古代服饰品与服饰形象浩如烟海，难以在一部书中尽数包容。在此仅仅以考古发现为纲，以重大发现中最有价值的服饰资料为线索，向读者展现 20 世纪古代服饰研究的部分成果。毕竟田野考古的成果是实实在在的，这一点不同于古籍中的名家疏证。

由于本书内容涉及服饰考古与研究，故在目录编排上颇费了一番心思。按理说，论及服饰考古要遵从考古年代的顺序，即按照发掘时间的前后来依次论述，因为在考古结论中，常常会因后者的出土而推翻了对前者所下的结论。但这部书不是考古报告，因此只能按照历史年表的方式，根据朝代的先后确定章节次序。即使这样，在合并同类项的考证与研究中又出现一些想像不到的难点。最后，笔者决定采取基本遵从历史年代，又不局限于年代的方法，如前七章分别为原始社会、商周战国、秦汉、魏晋南北朝、隋唐五代、宋明、辽金元。由于宋明两代为汉族政权，衣冠制度相承，而辽、金、元为三个少数民族政权，故此在服饰制度上会有所差异，这势必影响到服饰风格，又具体体现在服饰的款式乃至色彩、纹样上。这样分章有利于我们在社会文化的大背景下去探讨服饰的成因与演化，而不单纯是在考古实物上就服饰论服饰。但这样一来，必然打乱了考古发现的时间顺序。好在我们已经跨进 21 世纪的门槛，回首总结 20 世纪服饰考古与研究，还是能够俯览全局的。

本书七章以后单独设一章，阐述 20 世纪服饰研究的状况。在此，笔者极力避免门户之见。

笔者想在本书中论述的是中国考古界历经百年艰辛在服饰考古方面取得的显著成就。通过大量的考古发现，不仅使人们逐渐认清了其历史面貌，而且古籍中仅仅停留在文字疏证上的解释也部分得到证实，更重要的是这些发现填补了我国古代服饰制度研究中的某些空白。而边疆与少数民族服饰的考古发现，既展示了中华各民族的独特艺术创造，又以雄辩的事实说明了中华文化的同源，以及历史上边远地区与中原地区的文化联系。

考古发现是一条纽带，它把历史与文化、文化与服饰紧密地联系在一起。在 21 世纪，通过考古发掘，将会有更多、更有价值的服饰遗物出土，这对服饰的民族化进程也必然有更多的参照作用。

一

远古衣影

在人类发展的初期，对生存的渴望，是人类最基本的需求。人类想把所能接触到的一切具有威力的东西，都移植到自己身上。而被赋予某种神化意义的兽皮、兽骨、牙角、砾石以及猛兽的鲜血，都成了人类最原始的崇拜对象。人们拿过来披戴或涂抹在身上、脸上，这就出现了服饰。服饰往往可以使人们寄托一种意愿，减少一些恐惧，从而达到繁衍后代、延续生命、壮大部族的神圣目的。在这一点上，有时饰品比衣服更显得重要。原始人选取和利用大自然一切可以利用的物质，制作出了带有原始宗教性质的服饰。这正是人类与动物的最大区别，即创造了文明。这在考古发现中已得到确切而生动的证明。

这里使用了"文明"一词，而没有加上"物质"两字。因为 20 世纪考古发现已经表明，服饰不单是物质文明的载体，更重要的是其显现出原始文化的灿烂。也就是说，服饰既是物质文明，又是精神文明，二者从一诞生就是不可截然分开的。

20 世纪大规模的考古发掘，为服饰史论的研究提供了丰富而真实的形象资料。

（一）山顶洞发现的项饰、骨针

1918 年春，应聘到中国工作的瑞典地质学家安特生博士在北京西南 50 公里的房山周口店作地质勘察时，意外地采集到一些哺乳动物化石，从此揭开了周口店考古的序幕。

1921 年，安特生再次与美国古生物学家谷兰杰和奥地利学者师丹斯基来到周口店。1927 年，由美国洛克菲勒基金会提供经费，中国地质调查所开始主持发掘。1928 年至 1930 年，中国古人类学研究者裴文中在此取得重大发现。1931 年至 1937 年卢沟桥事变前，中国古生物学家卞关年和古人类学研究者贾兰坡，邀法国旧石器时代考古学家步日耶对周口店进行发掘。1933 年，发现龙骨山山顶洞人化石[1]。就在这里，一万八千年前的佩饰和骨针展示在人们面前。

一百二十五枚各种动物的牙齿被钻孔，这说明是当时的人们有意为之。除獾、狐、鹿、野狸等动物的犬齿之外，还有一枚虎的门齿，都是在牙根部两面对钻成孔。从出土时有五枚牙齿呈半圆形的排列来看，认定它为项饰应该是不成问题的。

除兽牙外，山顶洞人还利用石材制作石珠或石坠。虽然考古发现的七颗白色石灰岩石珠，形状不十分规则，但体积大致相同。其中最大的一颗石珠，直径为 6.5 厘米，孔眼由一面钻成。另外，是以天然椭圆形黄绿色岩浆岩小砾石制作的石坠，坠中央也有钻孔。最漂亮的一件钻孔小砾石，石料为微绿色的火成岩，长 3.96 厘米，有一面经过人工磨光。同时，还发现钻孔的海蚶壳三枚，鲩鱼眼上骨一件，中型鱼尾椎骨三件（经过人工整理，未钻孔），刻有沟槽的鸟骨管五件（佚一件，刻沟一至五条不等，最长者 3.8 厘米）[2]。

值得注意的是，这些兽牙、石坠及海蚶壳上的钻孔中大多留有赤铁矿粉的残迹，白石灰岩石珠的表面还涂有赤铁矿粉。据此，人们多认为"山顶洞人已经萌发了最原始的对美的追求"[3]。但笔者认为，此时人类佩戴饰品，并非仅仅是求美。或者可以说，这种美的创造和存在，早期并不在于欣赏价值。这牵涉到服饰的起源。人类佩戴饰品的最初动机，绝不会是单纯为了美。从文化人类学角度来看，应是为了表明一种对神力的追求，一种部族的归属，一种对异性的取悦，一种对神鬼的威慑抑或献媚。这从遗留至今仍保持原始社会生产方式的"活化石"——少数民族的佩饰情况来考察，也是有根据的。

特别应该注意的是红色的赤铁矿粉。在人类同大自然斗争中所形成的传统意识中，代表生命意识的血液与求吉避邪的颜色都是红色的，这说明了华夏文化的一脉相承，也说明了服饰文化不是无源之水、无本之木。

骨针的发现则为研究中国人服装缝制技术的发端提供了确切的依据。尽管在山顶洞遗址中发现的骨针的针孔部分破裂残缺，但是针体基本完整。其通体略呈弧形弯曲，刮磨得十分光滑，通长 82 毫米，最大直径仅为 3 毫米。虽不如现代钢针纤细精致，但它的发现说明当时的人们已经开始将零散的兽皮加以缝缀。这一发现对于服饰研究而言，无疑是具有重大意义的。

在旧石器时代考古中，发现早期饰品的并不仅限于山顶洞一处。宁夏水洞沟遗址曾发现鸵鸟蛋壳制成的饰件，山西峙峪遗址出土了一件残损的穿孔石墨项坠，辽宁金牛山 C 点上层发现腰形穿孔鹿角块一件，河北虎头梁则发现穿孔贝壳三件、鸵鸟蛋壳制成的扁珠一颗、钻孔石珠一颗。

就佩饰来说，1983 年发掘的牛河梁新石器时代遗址也是相当重要的。牛河梁遗址位于辽宁朝阳的建平与凌源交界处的努鲁儿虎山谷间蔓延 10 多公里的多道黄土梁上。其中遗物距今五千余年。这里出土了磨制精细的玉器，有玉箍、勾云形玉佩、双联玉璧及兽面玉牌等。实物表明,当时人们选择的玉石质地精良,并采用了管钻法钻孔技术和圆雕技术。这里出土的玉猪龙背部有孔的特征,还使人们联想起1984年内蒙古翁牛特旗三星他拉村出土的墨绿色玉龙。该玉龙体高26厘米,也许不是佩饰,但其背部的钻孔,表明原本是系绳悬挂的。1936年至1986年陆续发掘的浙江余杭良渚文化遗址中,也出土了大量的玉琮、璧、环、瑗等[4]。如果说这些还不能确定为饰品的话,那么该遗址出土的玉串饰,无论如何都应是项饰。

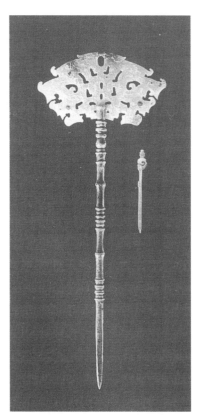

图一 山东临朐出土新石
器时代玉簪

这说明公元前 3300 年至公元前 2200 年期间，佩饰品种已经非常丰富。

1959 年至 1978 年，山东泰安大汶口镇与宁阳堡头村附近的新石器时代遗址中还出土有透雕象牙梳。虽说梳子不能完全确定为饰品，但唐宋妇女及现代傣族妇女以梳为头饰的例子并不鲜见。

1931 年，山东章丘龙山镇城子崖龙山文化遗址出土了大量玉、骨、牙、蚌器。而山东临朐朱封墓出土的玉冠饰、玉簪、骨笄及绿松石管、珠等，则工艺精湛，玲珑可人（图一）。考古界认为，它们的出土表明龙山时期社会显贵阶层确已出现。同时，从服饰考古角度也可认定，这一时期中国佩饰工艺已趋于成熟[5]。

中国佩饰品的早期制作与应用是相当普遍的，这从内蒙古赤峰敖汉旗宝国吐乡兴隆洼村遗址出土的玉饰件上可以反映出来。此处发现的造型为同心圆且磨制精巧的玉玦，已被考古界认为是"中国发现的史前最早的真玉器，年代早到距今 8000 年以上"[6]。藏族是历史相当悠久的民族，这在服饰考古中可以得到证实。1978 年开始的西藏昌都力咔区卡若村遗址的发掘，是首次在青藏高原进行的大规模的考古发掘（图二）。卡若遗址的年代为公元前 3300 年至公元前 2100 年。该遗址中出土的佩饰品很多，成串的玉石管片及玉璜等反映出当时西藏地区的佩饰品工艺已经开始使用钻孔和抛光技术，而且工艺已相当精致。

台湾台东卑南遗址中也出土了大量精美的玉器，其中有人兽形、多环形玉玦等，形式多样。仅人兽形玉玦就有单人和双人之分，反映出公元前 3300 年至公元前 3000 年台湾地区玉佩

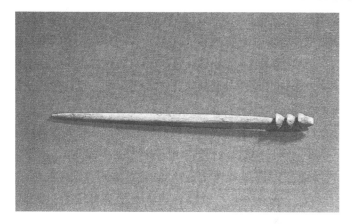

图二 西藏昌都出土新石器时代骨簪

饰制作业的发达程度。该遗址自 1980 年至 1988 年由台湾大学考古人类学家主持发掘。除此之外，1989 年至 1995 年中国社会科学院考古研究所还在安徽蒙城尉迟寺遗址发现了大汶口文化时期的坠形玉饰、玉簪和骨针、骨笄等。以上几例发现为新石器时代服饰考古研究提供了绝好的依据，明确了服饰的时代风格和区域特点。

（二）钱山漾出土的残绢与衣料

新石器时代的服装由于质料等因素，能够传至今日的极少。1958 年，在浙江吴兴钱山漾地区的新石器时代晚期遗址中，发现了罕见的公元前 3000 年的麻、绢织物残片。这在服饰考古中可谓是重要发现。

《考古学报》1960 年第 2 期发表了浙江省文物管理委员会对于这一遗址的发掘报告。其中写道："第二次发掘时，在探坑 22 出土不少麻、丝织品。麻织品有麻片残片、细麻绳；丝织品有绢片、丝带、丝线等。大部分都保存在一个竹筐里。此外，在探坑 12 和 14 里也有少许麻丝织物残片出土。这些麻丝织品除一小块绢片外，全部炭化，但仍保有一定韧性，手指触及尚不致断裂。"

在以往有关织物或衣服面料的研究中，考古界普遍认为殷人"已经会织出斜纹、花纹等比较复杂的纹样"[7]。当然，就"殷代纺织技术成熟程度而言，在它以前应该有一段发展过程"[8]。而《魏台访议》中则有"黄帝始去皮服布"的记述。传说中更有黄帝之妃嫘祖"始教民育蚕，治丝茧以供衣服"的说法[9]。在这种情况下，钱山漾出土麻、丝织品，尤其显示出残绢的组织密度达到每英寸 120 根，无疑是服饰考古上具有划时代意义的发现。

在这里发现的丝织物中，有一块长 2.4、宽 1 厘米的残绢片尚未炭化，无论从质料还是年代角度看，都是十分难得的。这些出土物完全可被认定为衣服面料和服饰品，如片状丝织衣料、丝织绦带。另外，还有缝制衣服用的丝线等。即使我们不能确定以上就是服饰品，至少可以说明当时的丝织衣服面料已经或是能够达到同样的水平。

值得注意的是，1926 年中国学者李济主持的对山西夏县西阴村遗址的发掘。此次发掘除发现两枚残缺的骨簪、一枚残损已无孔的骨针外，还发现了用石刀有意切开的半个蚕茧以及陶纺轮等。半个蚕茧被认为是人们既想吃蛹又想取丝的产物，当是野蚕茧无疑。而浙江纺织科学研究所等单位对于钱山漾发现丝织物的鉴定书结论是家蚕丝织物，绢片为平纹组织。1972 年至 1975 年考古界对此提出质疑，中国农业科学院蚕业研究所周匡明又对其进行专门调查研究，结果进一步证实为家蚕丝，并提出在那样早的时代之所以能织出具有如此密度的绢，是因为早期茧丝纤度偏细的缘故[10]。他以钱山漾遗址、马王堆汉墓和近代广东多化性种的茧丝纤度来比较，说明家蚕体形和茧型在家养驯化条件下，纤度有逐渐增强的趋向。这些基于考古而展开的研究，对于中国服装面料及中国服饰风格等方面的研究至关重要。

（三）原始陶器上的服饰形象

在新石器时代的陶器上，也一定程度地保留下一些服饰形象。可以说，这种平面或立体的服饰形象与前述佩饰、衣料等共同显示出中国人早期的服饰情况。

河南渑池仰韶村遗址的仰韶文化，是中国史前考古学乃至整个中国考古学研究的中心课题之一。1918 年，瑞典地质学家安特生曾前往采集标本。从 1921 年至 1981 年，包括安特生和中国考古工作者对仰韶文化遗址的发掘从未停止过。仰韶文化最突出的特点是大量的彩陶，所以也被称为"彩陶文化"，时代距今约七千年。它的影响之大，以至后来发掘的新石器时代同一时期、同一风格的文化遗物均被称为仰韶文化型。

陕西西安东郊半坡遗址出土的彩陶盆上有人面鱼纹。其人物头戴尖帽。目前，我们可以肯定其与渔汛有关。进而，笔者认为它应用于渔汛到来之前的祭祀活动。一则，陶盆上有人面鱼纹时便会同时有单独的较写实的鱼纹，或者是同时绘有鱼网。二则，从各原始民族的文化活动中也都可以看到这种巫术活动的痕迹。

1973 年和 1995 年，考古人员在青海分别发现了两个绘有舞蹈纹的彩陶盆。其中 1973 年在大通上孙家寨出土的彩陶盆上绘有三组手拉手舞蹈的人形。人的头部各垂一根发辫，摆向一致，衣服下摆处又各垂一件尾饰。1995 年，考古工作人员在同德巴沟乡团结村宗日文化遗址发现的彩陶盆上，也发现有类似的人物形象，所不同的是衣服下部呈圆形，极像圆鼓式裙子。人们依据岩画上的形象，认为有可能是表现滚圆的臀部，而笔者则认为是裙子。五千年前的人们，已属于新石器时代中晚期，有衣裙是正确的。其时代背景已远远不同于岩画时期。何况同时该遗址出土的双人抬物纹彩陶盆上分明画着穿长裤的形象，而甘肃辛店文化遗址出土的彩陶盆上则有穿贯口衫并扎腰带的人物形象。据此，有理由说这些彩陶盆上的平面图形是服饰考古的重要发现[11]。

人形陶器也显示了服饰的影像。如甘肃出土的仰韶文化的几件陶塑就为我们提供了一些形象资料。

1964 年，甘肃礼县高寺头仰韶文化遗址出土了一件陶塑人头，似为陶器残存的口部。残高 12.5、宽 8.5 厘米。人像顶部有一黄豆大的小孔。而额前至脑后塑有半圈凸起的细绳带，当是表现穿有装饰品的系带，如发带，则是毋庸置疑的。人像的双耳耳垂处有穿孔，应是用来垂挂饰品的。

1967 年，甘肃天水柴家坪出土的一件陶塑人面，也是陶器顶部残存的部分，残高 25.5、宽 16 厘米。此人面五官具有典型的蒙古利亚人种特征，应该说是比较写实的。其双耳耳垂处也各有一垂系饰物的穿孔。

1973 年，甘肃秦安大地湾仰韶文化遗址中出土了一件堪称新石器时代陶塑精品的人头形器口彩陶瓶。瓶高 31.8、口径 4.5、底径 6.8 厘米。人像塑造得细致而生动，特别是头发

图三 甘肃秦安出土新石器时代人首口彩陶瓶

的式样表现得很具体。其两侧和底部都能看出是披发，前额上齐刷刷垂着一排如近代女性喜留的"刘海儿"，双耳也都有垂系饰物穿孔（图三）。陶瓶为细泥红陶，含有少量的白色细砂，器表打磨光滑。自腹部以上施有浅淡的红色陶衣，腹部以黑彩画三横排大致相同的弧线三角纹和斜线组成的二方连续图案。

图案的样式与河南陕县庙底沟文化（即仰韶文化中期）的陶器花纹格式大致相同。只不过，这件陶瓶上的主题花纹趋向于杏圆形框内两端尖而中间弧圆的几何形纹。

1975年，甘肃秦安寺嘴一带出土一件人头形器口红陶瓶。高26、底径8.8、口径6.5厘米。器表施一层橙黄色陶衣。瓶的口部也是陶塑人头，比大地湾陶瓶塑造得略为粗糙简单。额上也有一排短发，不很规则。两耳亦有垂系饰物的穿孔。前额短发表明，当时的人们已经由自然披发过渡到有意识修剪眼前影响视线的头发了。

结合其他地区出土的陶塑人形，有人认为"大地湾的这件人头形器口彩陶瓶上的花纹，与相距几千里的河南西部的庙底沟类型彩陶上的花纹相同。这不是偶然的现象，应是这些相距很远的部族有着共同的意识形态。尤其这种庙底沟类型的典型花纹中的鸟纹画在人头形口的彩陶瓶上，说明了这种花纹和人之间有必然的联系。彩陶人头瓶上的鸟纹，可能是庙底沟类型文化主人的部落联盟的图腾之一。在甘青地区由庙底沟类型基础上延续发展的马家窑、半山、马厂等文化类型中，人头形器口的彩陶的人面上还画有类似山猫或虎豹之类的兽皮花纹，这或是当时部族人们的文面、文身习俗的反映。大地湾出土的人头彩陶瓶瓶身上的鸟纹，也可以认为是反映了文身的习俗"[12]。而笔者认为，这些花纹很可能亦与当时人们所着的衣物有关。只是由于年代久远，当时的实物资料很难保存至今。

石器时代的服饰已经远去了，只有踪影依稀还闪现在我们眼前。而作为严格科学定义的服饰，并没有完整的实物资料可供我们考察与研究。但考古发现的新石器时代的陶器则清晰地反映出当时人们的发式是齐眉短发或盘辫于头顶，衣服也已有了宽袍大袖的形态。在原始社会时期，人类的创作主要是对自然的摹写。因此，考古发掘工作所提供的实物也就成为服饰文化学者最为宝贵的形象资料。因此，就古代服饰文化研究而言，没有考古便几乎没有一切。

在山顶洞第四、五文化层中发现遗骨周围随葬有装饰品，而且还撒有赤铁矿粉，这表明了山顶洞人对佩饰及"红的东西"的重视。"红—血—生命"可以认作是石器时代人们对生命认识的一个链条。赤铁矿粉、文面、服饰品则可以被认为是早期人类服饰出现的三种象征物。考古学中这三种发现已形成人类服饰演化的线索（开端与链条），所有的服饰变异与发展，都与其存在着因缘关系。

注　释

［1］中国社会科学院考古研究所《20 世纪中国考古大发现》，四川大学出版社 2000 年版。

［2］华梅《人类服饰文化学》，天津人民出版社 1995 年版。

［3］杨泓《美术考古半世纪》，文物出版社 1997 年版。

［4］《中华人民共和国重大考古发现》，文物出版社 1999 年版。

［5］《新中国考古五十年》，文物出版社 1999 年版。

［6］同［1］。

［7］王若愚《纺织的来历》，《人民画报》1962 年第 2 期。

［8］夏鼐《我国古代蚕、桑、丝、绸的历史》，《考古》1972 年第 2 期。

［9］华梅《中国服装史》（修订本），天津人民美术出版社 1999 年版。

［10］周匡明《钱山漾残绢片出土的启示》，《文物》1980 年第 1 期。

［11］同［9］。

［12］张朋川《甘肃出土的几件仰韶文化人像陶塑》，《文物》1979 年第 1 期。

二

商周瑰奇

商周至战国时期，纺织工艺日臻成熟，人们的服饰越来越完备，越来越具有文化的内涵。

这一时期，由于相关史料的文字记载已不再局限于陶器上的模糊难辨的符号，而是有了较为明确的甲骨文、金文，进而有了正式的文字，对于服饰的记载较之以前显然是丰富多了。但文字的显示形式因距离我们年代太远而容易出现差异，后人注疏往往又各执一词。在这种情况下，考古发掘为古代服饰的研究提供了真实可靠的形象资料。我们可以通过研究古文化遗址出土的服饰品，再参考文献记载，大致理出一条商周至战国时期的服饰发展脉络。

这一时期的服饰，已不仅仅用于满足个人的生活需求，而且还反映了穿着佩戴者的社会地位。因而，诸如玉佩饰如何刻画、如何佩戴，玉佩饰件的组构形式应是什么模式等一系列问题，都直接关系到中国古代服饰研究的关键内容。

玉佩饰在墓中出土很多，同时还发现整件织绣品以及一些附着在铜器和泥土上的丝织品残迹，这些无疑都是难得的实物资料。

（一）礼制发端——玉饰件

从大量出土实物来看，古人对玉情有独钟。

《周礼》一书中有大量关于玉的记载，如记述职官和职责时，专有一条"玉府"。玉府是官名，主要负责掌管君王的金玉饰件，"共王之服玉、佩玉、珠玉"。

《周礼·夏官·弁师》中写道："弁师掌王之五冕，……皆五彩玉十有二。"唐贾公彦疏："玉有五色，以青、赤、黄、白、黑于一旒之上。以此五色玉贯于藻绳之上。"不仅君王冕冠上有五彩玉珠，对王后及诸侯夫人标明身份的头饰，如"副笄六珈"也有相应的规定。《周礼·天官·追师》中写道："掌王后之首服，为副、编、次，追衡笄。"汉郑玄注："王后之衡笄，皆以玉为之，惟祭服有衡，垂于副之两旁，当耳其下，以纮悬瑱。"

在商周考古发掘中，影响最大的当属安阳殷墟。它的发现缘于占卜用的甲骨文，发现时间甚至早于19世纪末期。

20世纪20年代，中国学者董作宾、李济、梁思永等主持发掘殷墟十次，出土遗物包括玉虎、玉龙等。1976年发掘商王武丁配偶妇好墓时，出土随葬物1928件，其中玉器755件。看得出，殷人对玉非常重视。在这755件玉器之中，用于悬佩的形体较小的玦、璜和极具装饰性的鹦鹉形、鱼形小刻刀等，占了近五百件。若连同供观赏（不仅为佩饰）的玉饰件，其雕刻题材相当丰富。除人物外，还有象、熊、虎、猴、兔、马、牛、羊、鹤、鹰、鸮、鸬鹚、鹦鹉、鱼、蛙、鳖、螳螂及凤、龙和怪鸟等。其中一件凤形佩堪称商代玉饰件中的精品。它头上的冠羽采用了透雕技法，华丽富贵的冠羽造型所形成的透孔，成了自然的穿系孔。再加上背羽宛如浑然天成的羽毛缝隙，又形成两个紧挨着的穿孔，很显然这些都是为了便于系绳佩挂（图四）。

图四　河南安阳出土商凤形玉佩饰

具体到琢玉工艺上，有人对此作出推断，如类似半圆形的玉玦上往往雕琢有生动的动物形，眉眼、四肢皆有，只是由于囿于玦形，显得图案性很强。如在"外弧上修琢出兔子面孔的边缘、耳朵和躬曲的背部的外轮廓，以及翘突的短尾，再在内弧上修琢出兔的下颏、前足、腹部和后足的轮廓……再精磨抛光，使其莹润。然后以线刻表现兔子的面部，刻出圆睁的兔目，勾画出耳朵和前后脚爪，……采用勾填几何图案以象征羽毛的古拙作法。最后在口部和尾下透钻两孔，以供穿索佩悬"[1]。根据大量出土的玉佩饰看，这种手法似乎都是通用的，因此也成为商代玉佩饰的一种带有特征性的工艺模式。

周代的玉佩饰出现明显的礼制化倾向，而且佩饰的品种、造型、组合都趋向于规范化。西周晚期至春秋早期虢国贵族墓地，位于河南三门峡上村岭一带。从 1956 年至 1990 年，先后发掘数次，发掘墓葬二百余座。在 1820 号墓中，墓主人"颈部绕着由 101 枚鸡血石珠与一些玉饰、石饰组缀而成的串饰。自胸部至腹部垂饰的一组串饰，由 577 枚鸡血石珠和 21 枚管形石饰组缀而成，全长达 52 厘米"[2]。但若论玉石佩饰之精美、组合佩饰之完整，则首推山西曲沃、翼城两县境内的天马—曲沃遗址出土的玉饰。此次发掘由北京大学和山西省考古研究所共同进行。在 1992 年发掘的 8 号墓中，发现一组多璜多珩连环胸腹玉佩。它由绕肩而过的两环四玦起，各用珠玑共同连缀一鸟形玉珩，珩下再连玉环。在璜、珩间的串珠两侧，又各串连玉璜一件，再下面的垂珠则分别各连一件玉璜，璜下珠玑通过一长方形玉珩交合，下连一环[3]。在发掘中，发现各墓几乎都有成组的玉佩饰，而且皆结构繁复、雕饰华美。如在 1993 年发掘的 63 号墓中，发现有四十五件玉璜缀连于一组佩玉上[4]。而 1994 年发掘的 92 号墓中则出土了一组四珩四璜联珠串饰，珩、璜的雕饰都十分精美[5]。

若论西周晚期组构最精彩、用料最考究、工艺最精湛的玉佩饰，晋侯墓地的两件出土物堪称上品。其中一件就是胸腹玉佩饰。这是极为复杂的整套玉佩饰上部的一组，由玉环下连短珩，两端以绿松石珠、玛瑙珠及玉管并列穿连成两串，各系二刻花玉璜，另加一件玉环（图五）。另一件上为青绿色玉牌，梯形，镂空作相背的双鸟纹。上端有小穿孔六个，系六串料管。下端有小穿孔十个，用以悬挂垂下的长串饰。整套串饰由玉牌一

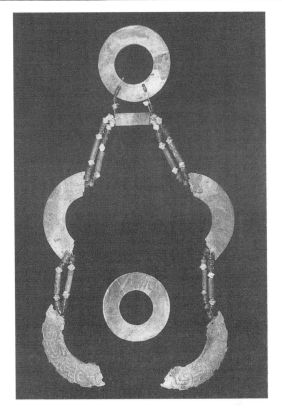

图五　山西曲沃出土西周胸腹玉佩饰

件，玛瑙珠管三百七十五件、料管一百零八件，煤精扁圆珠十六件，共计五百件饰物组成。串饰出土时位于墓主人右股骨的外侧。

河北平山战国中山王墓中，也出土了一些精致的玉佩饰，如龙纹璜和透雕三凤的璧式佩。其玲珑剔透，工艺精湛。1893年出土过"齐侯四器"的燕下都遗址（今河北易县），在1930年至1962年的持续发掘中发现的双龙、双凤连体透雕玉饰等，

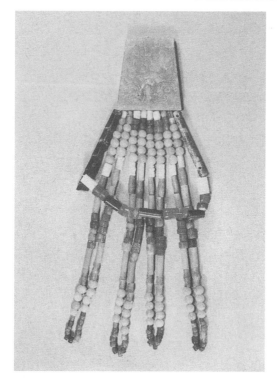

图六 河南平顶山出土西周玉佩饰

更是不可多得的艺术精品。

观察出土遗物，再结合文献资料来分析，即可想像出《礼记》中所说"古之君子必佩玉"、"君子无故玉不去身"的服饰形象是何等的文雅华美。有人根据考古资料和古代文献记载，分析玉佩中珩、璜、冲牙、蠙珠与琚瑀的形状及用途，从而进一步考证古玉饰的佩戴规范[6]。而笔者在玉佩饰中更多的是看到当年的礼制。如传为西汉戴圣编纂的《礼记》中，选编了秦汉以前有关仪礼论著的核心内容。书中有"玉藻"一章，说到君子佩玉时云："右徵角，左宫羽。趋以《采齐》，行以《肆夏》。周还中规，折还中矩。进则揖之，退则扬之。然后玉锵鸣也。故君子在车，则闻鸾和之声，行则鸣佩玉，是以非辟之心无自入也。"这里很明显地表明，当时玉佩饰的应用不仅仅是为了追求外在的装饰作用，更重要的是体现出"礼"的要求，体现出君子的修养。对此，过去我们只能从文字上去理解，而考古实物的出土，为以上记载提供了直观的物证（图六、七）。

按照汉文化或儒家思想去观察出土的玉佩饰，显然能够领略其丰富的文化内涵。当然，这多集中于中原地区，如开始发掘于 1933 年的周文王、武王建都之地——丰镐遗址，至 1992 年时还有各种玉佩饰陆续被发现。其中张家坡 170 号墓出土的组合玉佩饰，与晋侯组合玉佩饰有着同等重要的价值。但非中原地区出土的玉饰，就不能再以儒家的礼教思想去诠释了。如

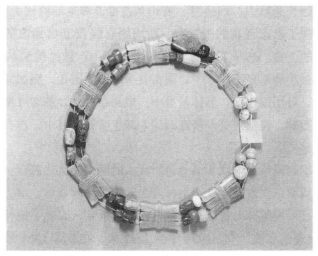

图七　山东长清出土西周玉串饰

1973 年内蒙古赤峰敖汉旗大甸子村早期青铜文化遗址中出土的玉石组合佩饰虽然精致，但风格更类同于中原地区二里头文化。考古发现充分表明了文化的地域性。

（二）织物遗痕与楚墓出土的织绣品

中国织绣工艺至商周时已趋于成熟，至战国时期更是精品迭出。由于织物不易保存，因此商周的纺织工艺研究主要依据墓中出土的铜器上的织物印痕、炭化织物和纺织工具。当然，由于这一时期有文字记载，毕竟比研究新石器时代的纺织工艺有了更为可靠的参考资料。

中国是养蚕缫丝最早的国家。从考古发掘来看，商周遗址中多有玉蚕出土。如 1953 年在河南安阳大司空村发掘的商墓，其随葬物品中就发现有完整的玉蚕。玉蚕长 3.15 厘米，白色，呈扁圆长条形[7]。1966 年，在山东益都苏埠屯的商代大墓里，也发现了形态逼真的玉蚕[8]。西周则有陕西宝鸡强伯墓室中出土的玉蚕。这些玉蚕数量多，大小不一，最大的长约 4 厘米，最小的不足 1 厘米[9]。蚕头有一透雕的圆孔，宛如大大的眼睛，可用以作穿。其体量虽小，但构思巧妙，憨态可掬。以玉蚕随葬，说明蚕桑经济在商周人的生活和心目中，占有很重要的地位。

织物遗痕是商周织绣业留给后人的模糊的文化遗存。1929 年殷墟第三次发掘，在小屯村西北地 182 号殷墓中，出土戈形兵器，可能随葬时曾以织物包裹或加有套装，因此上面存留有"极显著的布纹"[10]。1934 年至 1935 年，在殷墟 1001 号殷代大墓里出土的铜器上存有明显的丝绢（平纹）和刺绣品痕迹，如在一铜觚残片"内面绿锈上有布纹";一铜戈"一面及刃上满布细布纹绣",另一铜戈"援内两面有细布遗痕"[11]。西周强伯墓室及其妻井姬墓中,多处发现丝织物痕迹。可以看出,当年曾用丝织物包裹铜器随葬。后因年久加之地下潮湿,丝织物腐朽,但织物遗痕却被保留在铜器的表面,有些织物则已与铜器黏结在一起了。

至于刺绣的遗痕,发现于强伯妾倪的墓室泥土上三层织物中。这里能看到辫子股绣的针法,同时还可看到朱红、石黄、褐与棕等色[12]。如果结合河北藁城台西村商代遗址中发掘出来的已炭化了的麻织物残片和纺织工具,再参考龟甲上留下来的帛、𢒉、𢒉、𢒉等甲骨文字,那么,对商周丝织,或者说商周服装面料的发展情况,也就大致可以作出纺织工艺趋向成熟的推断了。

服饰考古的意义在于它可以使古籍文字鲜活起来,以一个个完整的形象呈现在后人面前。试想,如果没有如此众多的织绣实物资料(包括遗痕),《诗经·豳风·七月》中描绘的"春日载阳,有鸣仓庚。女执懿筐,遵彼微行,爰求柔桑……蚕月条桑,取彼斧斨,以伐远扬,猗彼女桑"的诗句,就难以和具体的形象联系在一起了。《诗经》中有多处涉及织物,如写到精细的葛布叫作绤,较粗的葛布叫作绤。在《诗经》的《郑风》、《唐风》、《秦风》中则有"锦衾"、"锦衣"、"锦裳"、"锦带"等记载。虽没有完好的商周织物出土,但实物痕迹与文字记载结合起来,就已经是很可观了。

战国时期,织绣工艺已经达到相当成熟的阶段了,不但品种多样,而且已形成区域特色。据《禹贡》、《周礼》、《汉书》等记载,冀州产布帛;青州产绨、丝、纩、绮;兖州产丝、织文；徐州产玄织缟；扬州男子耕种禾稻苎麻，女子桑蚕织绩；荆州产玄练；豫州产丝织纩纻。

战国织绣实物曾在长沙几处墓葬中出土，其中1957年由前湖南省文物管理委员会组织发掘的长沙左家塘楚墓中，就发现一叠长30、宽10～23、厚约5～6厘米夹有多层丝绵的织物，并未炭化，而且花纹颜色仍较清晰、鲜艳。其中有深棕地菱纹锦、红黄色菱纹锦、褐地矩纹锦、褐地红黄矩纹锦、朱条暗花对龙对凤纹锦、褐地双色方格纹锦、褐地几何填花燕纹锦及棕、黄、褐色绢等。除了绢属平纹组织外，其他几种锦都有组织结构繁复、精美的纹饰[13]。

战国时期织绣品的重大发现，当属湖北江陵马山楚墓。1982年发掘的马山1号墓中，共出土丝织品二十余件，其中有绢地龙凤纹九彩绣衾、彩条动物几何纹锦面绵衾、绣罗单衣、绣绢单衣、锦面绵衣、绣绢绵袍、棕色绣绢面绵袍、棕色锦面绵袍，还有棕色锦面夹袄、朱绢绣裤、绢裙、组带和大量小片丝织物等[14]。我们在这里看到制成夹衣和裙子的绢，经密在1厘米47～70根。做衣面的绢，纱线条分均匀，并经过压光，因而具有较好的光泽，但做衣里的绢质地明显粗疏。除了做衣服面料外，锦还大量用在袖缘、领边和下摆处。图案以几何形为主，有棋格、菱形、S形、六边形等，其中以菱形变化最多。动物纹则有龙、凤、虎、麒麟等。另外，还有歌舞人物纹。这些纹样有机地结合在一起，加上巧妙的配色，显得丰富多样，富丽堂皇。织法一般是把两根或三根不同颜色的经线分成两组或三组，采用提花方法。经组织基本上是三上一下或三下一上。有些经线经过强化，使织物表面形成一道道凸起的织纹，还有的是在普通经线外另附挂经。

马山 1 号墓出土的一件龙凤虎纹绣罗单衣，是其中的精品。图案由两个对称的花纹单位组成菱形，菱纹长约 38 厘米，沿四边用褐色和金黄色丝线各绣一龙一凤，中央绣有对向双龙和背向双虎，虎身斑纹红黑相间。整个图案极为生动。除了这件绣罗单衣以外，还出土绣衣四件、绣袍三件、绣裤一件和几件衣服的边缘。面料都属绢类。

马山 1 号墓的绣衣纹饰表现动物形象格外出色，那些龙凤不是形象矫健，就是姿态柔美，龙凤的喙、眼、爪等则刻画细致入微，且线条流畅劲健。整件衣面图案布局匀称，疏密得当。针法以锁绣为主，间以平绣。根据构图的需要或满绣，或间绣。花纹单位都比较大，呈二方连续或四方连续式。由此可以想见，当时人们的服饰是何等的华丽、考究。

除了龙凤虎纹绣罗单衣以外，马山 1 号墓中尚有多件保存完整或较完整的衣服，为我们留下了当时服装款式、尺寸乃至裁剪方法的形象资料。如一件一凤一龙螭纹绣紫红绢单衣，上衣共六片，正裁，两袖各两片，宽分别为 45、43 厘米。两袖展开长 274 厘米，上边平直，下边微向下垂成弧状。袖口宽 40 厘米，质料为彩条纹绮。从出土袍子实物来看，主要有三种形制。第一种是正身和双袖皆斜裁，共八片，宽度为 23 或 26 厘米，再有的为 26.17 厘米。袖缘和领缘也是斜裁。下裳正裁，共八片，每片宽 20～37 厘米不等。第二种是正裁，两袖平直，宽袖口，短袖筒，三角形领，右衽，直裾。上衣共四片，正身两片，两袖各一片，腋下各拼一块四边形衣料。其中一件凤鸟花卉纹绣浅黄绢面袍，领缘用田猎纹绦和龙凤纹绦，袖缘和下摆缘用大菱形纹锦。第三种袍两袖奇长，袍长 200 厘米，袖通长 345 厘米。小菱形纹锦面袍，上衣正身为两片，袖六片，下裳五片。领缘用六边形纹缘，袖缘用大菱形纹锦，下摆等皆用几何纹锦。这些衣袍都是右衽、直裾，与周代服式有相当多的共同点[15]。

服饰实物中一件残破的夹衣（襦），是用深黄绢做衣面和衣里的，交领右衽，直裾。领缘用组，袖缘用大菱形纹锦，裾等都包有绣缘。另外，还有一件形状清晰的单裾，一条凤鸟花卉纹绣红棕绢面绵裤，一件展开后呈不规则圆台形的帻等。

尽管一件衣服不能代表一个时代的全部服式，一座墓出土的服饰也不能说明所有的同期服饰都是这样，但至少它在显示着一种真实。如其中裤子的样式，我们在马王堆西汉墓以至宋元墓中都曾发现过，即两个裤腿在腹间相连，腰后则为两个后片相系的宛如今日儿童开裆裤的式样。这些发现为我们真正理解古籍记载和民间传说中裤的原状提供了重要的参考资料。

（三）新疆古墓出土干尸上的服饰

这里需要专门谈到的是，由于气候干燥，新疆地区有许多古尸及其身上的衣服得以较为完整地保存下来。

铁板河青铜时代1号古墓中，出土过一具保存很完整的女尸。死者头戴毡帽，帽上插两根雁翎。其裸体裹毛织粗布毯，下身裹一块兽皮，脚穿翻毛袜子。在同期的塔城市卫校西古墓群等地墓葬中则发现铜耳环一对。

在阿拉沟东口及鱼儿沟发掘清理了春秋、战国时期的古墓。墓主人头梳长辫，上罩丝质网状发套，深目高鼻，身裹各色毛织物及毛皮。

1980年、1988年和1992年在鄯善苏贝希相当于战国至西汉的墓葬中，发现男性墓主人身着皮大衣、内套毛织衣、毛织裤，足蹬高靿皮靴；女性死者身穿皮大衣、内套黑色毛织衣、彩色毛织裙，足蹬短靿皮毡靴。在这里，女性的发型和头饰极具特点，双辫梳于脑后，盘绕在头上，以网状发罩固定，并有黑色发套装饰，外面再戴羊角状黑色毡帽。这些墓中的毛织布的衣、裙、裤和毛皮裤及大块毛毡等制品都保存完好。妇女头上的装饰尤为奇异，有的做成发髻高耸于头顶，里面以毡为支撑物，头发缠绕在上面，然后盘于额前。个别尸体上还能看到文面的痕迹[16]。

这些考古发掘出的配套服饰，对于我们研究"丝绸之路"，特别是古回鹘人的服饰相当重要。

（四）玉、石、铜人和帛画上的服饰形象

商、周、战国时期的服饰开始礼制化，其中上衣下裳、君王冕服及至普遍穿着深衣的着装趋势，说明中国服装发展已进入成熟期。

1. 玉、石人的上衣下裳

1929 年，殷墟第三次发掘时在小屯大连坑发现一件石刻，是"一个半截抱腿而坐的人像，膀腿均刻有花纹，图案与花骨刻纹一致"[17]。这说明当时人们的衣服上织有花纹，并间接在石刻人像上体现出来。

1935 年，殷墟第十二次发掘时在侯家庄西北冈 1217 号墓发现一件石刻，是"一无头人像之右半身，肩以上截断"。"观此像所着之交领右衽短衣、短裙、裹腿、翘尖鞋，可见殷代一部分人之装式。衣缘、裙褶、腰带之纹饰，皆常见于铜器、陶

器、室壁、仪仗之纯粹殷花纹"[18]。同年，在殷墟侯家庄西北
冈 1550 号墓发现一件"戴冠跪坐人形佩"，"显示形式极复杂
之高冠之轮廓"。"头上装饰品之整个轮廓，前高后低，顶上则
作斜面"[19]。

1937 年，殷墟第十五次发掘时在小屯 331 号墓中发现玉
质人形饰件。"此人形的雕刻，仅至颈部为止，颈饰三环纹，
若高领的样子。人形为侧面，头上戴圆帽，帽上有网形纹饰，
帽中当头正顶处倒立一鱼形突起。形态颇为异致"[20]。

1943 年，安阳四盘磨出土一件石刻人像，"作袒胸曲腿竖
膝两手支地箕踞而坐之状，头戴平顶而周部较高之圆帽。身穿
无纽对襟衣，衣上刻目雷纹，胯下刻饕餮纹"。"其上身花纹有
衣褶痕，疑下当有裳"[21]。这件石刻未采取属于礼仪要求的跽
坐，即跪坐在自己腿上的姿势，而是采用不符合礼仪规范的箕
踞，即两腿伸向前，宛如簸箕的样子。考古学者认为"疑下当
有裳"，但若有裳，应堆在胯臀部，实际上没有，故此笔者认
为他穿着长裤。单穿裤的习惯不属于中原人，因为当年裤子没
有裆部，只为胫衣，而这件石刻人像却穿着完整的裤子，这正
是我们在研究时需要格外关注的。

另外，还有安阳殷墟出土的玉人立像。此像现已流失到美
国，由哈佛大学福格美术馆收藏。梅原末治记："像高 9 厘米
左右，硬玉雕成，表面风化，细部不明。但结发着冠，上衣右
衽，则非常明显。"事隔二十三年以后，梅原末治又在书中说，
此像"头上结发，戴圭形高冠垂于背后，足踏沓鞋，上衣广
襟，下衣背面有长裙，前面刻出垂饰，可以看出当时服装的实
际情形"[22]。他没有注意的是这个玉人的上衣为交领右衽，前
襟自腰间垂下蔽膝。

殷墟出土的玉石人像远不止这些。1952年出版的《金匮论古初集》中还有"殷代玉人璜，小屯出土作箕踞之式"，"头上戴有高冠，冠向后背，且向下卷，周边有觚棱形突出"等记载。如果再看1974年至1978年期间河北平山战国中山国王陵出土的玉人服饰形象，人们会发现这些玉人都穿戴整齐，头上有饰物，上着短襦，下穿方格长裙。这些玉人的服饰，基本上展示出先秦着装的习俗，即头上有帽箍、卷筒式冠巾、高帽、圆帽或笄，笄的首部装饰考究。无论长短，上衣下裳已成模式。上衣样式，有的是对襟，有的是右衽大襟（交领），有的好似贵族男子在腰间垂着韦韠。这正是中原服装款式的典型代表。值得注意的是当时以窄袖为多。

2. 铜人的袍服与佩饰

用铜铸人形和木俑、陶俑的意义一样，都是以酷似现实中人的形体去替代真人殉葬。从这一点来说，显然标志着社会的进步。

既然要以俑人代替"人殉"中的活人，就要尽可能从容貌到服饰都接近当时担任各种职务的人物形象，这为我们研究古代服饰及社会生活提供了真实的形象资料。

河南洛阳金村战国墓出土一女子铜像。其头梳双辫，身着窄袖衣、短裙，足蹬高勒靴，这被普遍认为是胡服打扮。

河南三门峡上村岭虢国墓里出土的铜灯，取一人跽坐、双手举灯盘的姿势。其头戴小冠，并系冠缨；身穿窄袖大襟右衽齐膝长衣，腰间束带。大襟右衽是中原人装束，而窄袖袍服又是胡人服式。由此可见，西北游牧民族服饰被中原人吸收穿用，肯定早于赵武灵王推行"胡服骑射"。或说中原劳动阶层本来就穿窄袖短袍，而这种袍服服式不一定就属胡服。

河北中山王墓出土一托灯铜人，头上盘髻有巾，身穿大袖绕襟深衣，曲裾垂地，腰间也束带，这应该是典型的中原人装束。如果再结合楚墓出土的木俑，会更多地见到这种穿着深衣的形象。河北易县燕下都遗址出土的托灯铜人前额头发分左右向后梳，发丝清晰可见。头顶一巾，前窄后宽垂于脑后。自头顶以带压住系于颌下，有红色八字形带结。身着袍服，窄袖但衣长曳地，大襟右衽，腰带间有长条形圆头带钩连接腰带两端。由此不妨可以认为，当时服饰中袍与深衣并行，袍有长短二式，但袖子不一定宽肥，似这般持灯侍者的袍服就属于窄袖，但深衣的衣袖一般较肥阔，然后再有紧缩的袖口，当时称祛。

湖北随州擂鼓墩曾侯乙墓中出土了大量成套乐器，其中大型编钟的钟架由铜俑托举。这些铜俑的衣服虽说也是窄袖大襟长衣，但腰间束带，腰带下垂端头处呈现横线，并出现相叠之后的圆方角。如此看来，俑人穿的应是上衣下裳，而且上衣在裳外，与中山王墓玉人的上襦放在裙腰内的着装风格不一样。其腰间还悬挂一剑，似为卫士装扮。

与这些服饰时代风格接近而服式明显不同的是三星堆遗址出土的铜人。1929 年，四川广汉发现月亮湾遗址。30 年代和60 年代又进行过多次发掘。后来，在距月亮湾不远的三星堆又发现大批文化遗存，这里的玉石器、青铜器、陶器和海贝、象牙等，置放得井然有序。学者们认为，这皆是为古代蜀族举行大型礼仪活动后所遗留下的祭祀坑[23]。三星堆遗址出土了几件铜像，包括立像、头像和人面像。其中立像高达 262 厘米。其形体高大，大眼、直鼻、方颐、大耳，头戴冠，身躯细长（图八）。他的衣服与常见出土俑人的中原服饰明显不同，但笔者认为其风格与曾侯乙墓托举编钟架的铜人服饰非常接

图八　四川广汉出土商铜人立像

近。较为一致的是，所穿均不是上下连属的长衣，而是长上衣配长裳，且均为衣裳修长紧裹身体。所不同的是曾侯乙墓铜人所戴的冠只能看到一个凸起的圆圈，再往上就是编钟架了。而三星堆铜人头部有刻纹的圆圈前面还有一片兽面状的饰片。曾侯乙墓铜人的下裳直至地面，未露足，但三星堆铜人的下裳前短后长，前片仅及膝下，下露小腿并赤足。显然，三星堆铜立人衣服有许多独特之处。有人认为他穿着"单袖齐膝长衣"，并认定"在上衣发展进程中，从无袖到有袖，其间还存在过由单只'连肩袖'向双只袖子的过渡形式"。"试想出现了'单袖腋领衣'之后，若着其两件，袖子一左一右套穿，内外两领相交，便有可能自然引导出两衣合一，形成交领结构，具双袖及两面开裞的长衣，即所谓'袍服'的完备形制来"[24]。对于这种认定和推断，笔者则持不同看法。首先，铜立人穿着的外衣是单肩披式，但衣长仅及胯下，并未及膝。再者，这种单肩披的服装式样并不是从单袖向双袖过渡中的必然，它至今依然存在。在东南亚一带，这种单肩披式相当普及，只不过是多种服装款式中的一种，实际上类似佛教僧侣身披的袈裟式样。这种服饰有可能是祭祀主持者在祭祀仪式上的特定服饰，也有可能是在温差变化大时的临时穿戴组构。中国西南彝族等少数民族的巫师在主持仪式时，也常常是身披一块毯子，并多为斜披。至于人们将这样单肩袖衣两件套穿一起才发明了双袖和交领的说法，显然是现代人的推论。从人的创造艺术来说，"对称"表现形式是原始的，出于基本的心理趋势。人们在早期服饰制作中，有可能有单肩披，也有可能有双肩披，全球大部分人早期都曾穿用过的"贯口服"，即将一块相当于两个衣长的布对折，中间挖个洞或裁个口儿，穿时把头穿过去的前一片、后一片的双肩衣。这是最明显的证明了。不仅中国、日本、东南亚各国有，甚至秘鲁亦有远古贯口服出土。可以肯定地说，袈裟式衣绝不是无袖到双袖的过渡必然式（西藏至今仍有如此着装者）。

从铜人的服装纹饰来看，明显受到中原商文化的浸润，如下裳用怪兽（形同饕餮）纹、尖角纹、回纹、雷纹。其上衣龙纹和凤纹的图案构成风格，一方面与商文化有关（酷似中原青铜器花纹），另一方面与楚文化有共通之处。这在各民族文化融合时期是非常正常的。铜立人脑后发向上拢，有两孔可以插物。如果结合双耳耳垂部的穿孔来看，可能为插笄挂饰的孔。赤裸的脚踝上则有双行排列的方格图案，有可能是脚镯。有人认为是裤子的边缘，笔者认为如是裤子边缘，那圈饰上的平面不应该同于跣足。再者，脚镯是巫师常用的佩饰。总之，古蜀文化的服饰风格有着明确的区域性，它为我们研究原始巫术仪式上的服饰和道具提供了难得的资料。

3. 帛画及平面图案上的男女深衣

湖南长沙楚墓曾出土两幅战国时期的帛画，虽说画上人物都是侧面形象，但毕竟绘画作品不同于玉饰、铜人等，描绘上较之立体概括手法可以更细致一些。因此，我们看到的图形上的服饰形象，可能更具真实感。

1949 年，长沙陈家大山楚墓被盗掘出土过一幅战国时期的帛画。画高 28、宽 20 厘米。画面右下方绘一女子，发髻梳于脑后，双手在胸前作祈祷状。其细眉明眸，双目直视前方，神态虔诚。画面上方还绘有一龙一凤。出土初期由于测试年代的技术水平所限，画面左上角又残损严重，因此当时被认为是夔（代表恶）和凤（代表善）。夔在中国神话中的形象是一足一角。女子祈愿善灵战胜恶灵，进而表示生命战胜死亡，平安战胜灾难[25]。但随着考古断代碳十四测定水平的提高，人们又发现以前认作夔的动物左侧还有一足，且在残损部位留有色彩痕迹。这样一来，有关专家虽仍认为该画与葬仪有关，但已重新推断此画寓意着龙凤导引死者灵魂升天。

在进行服饰研究时，考察此画的内容有助于我们确定画中女子是否为墓主人。如果能够确定是墓主人，那其服饰形象就可以作为战国时期的实物材料进行研究了。对于其服装，有人认为是宽袖紧身大袍，袍长曳地，上绘卷曲纹样[26]。实际上，在湖北江陵楚墓中发现过不少类似的服饰形象。而从楚墓出土的木雕漆绘俑人身上，也能见到这种服装，即深衣。《礼记》中专有一章"深衣"，其曰："古者深衣，盖有制度，以应规矩，绳权衡。短毋见肤，长毋被土。续衽，钩边。要缝半下。袼之高下，可以运肘。袂之长短，反诎之及肘。带，下毋厌髀，上毋厌胁，当无骨者。……故先王贵之。故可以为文，可以为武，可以摈相，可以治军旅，完且弗费，善衣之次也。"根据这幅帛画及大量出土的漆绘木俑来看，战国时期男女皆穿深衣。其衣身很长，可谓"被体深邃"。袖很肥阔，但祛（袖口）紧瘦。衣长及地，全衣通缝不通裁，即分开裁，然后连起来制成长衣。上身正裁，下半身却采用斜幅布，以便于人举足迈步。前襟接成一个大三角，便于绕襟系带。

1973 年 5 月，湖南省博物馆对长沙城东南子弹库战国墓，再度实施科学发掘与清理，收获颇丰。墓中又出土一幅帛画，高 37.5、宽 28 厘米。画面中心绘一站立的男子，束发高冠，并有冠缨系结在颏下。身穿长衣，衣袖宽肥，衣裾极长，遮住双脚。腰佩长剑，手执挽绳，驾驭一龙。此画与该墓 1942 年出土的另一副帛画《缯书》引起了考古界、美术界的极大兴趣。郭沫若根据画上男子的形象与神态，并参考屈原《涉江》与《离骚》诗句，在楚辞"带长铗之陆离兮，冠切云之崔巍"、"高余冠之岌岌兮，长余佩之陆离"的基础上，为该画题词："仿佛三闾在世，企翅孤鹤相从，陆离长剑握拳中，切云之冠高耸。上罩天球华盖，下乘湖面苍龙，鲤鱼前导意从容，瞬上九天飞动"。很显然，诗人是将画中之人作为楚国三闾大夫屈原来歌颂的。由于年代久远，我们很难将其冠名确定为切云冠，但高冠总还是无疑的。衣服款式从阔袖，根据侧面袖下轮廓为圆弧的部位来看，可以认定是当时普遍穿着的深衣。《礼记·深衣》中记载："制：十有二幅，以应十有二月。袂圜以应规，曲袷如矩以应方，负绳及踝以应直，下齐如权衡以应平。"仅从一侧面形象观察虽不可完全对应深衣形制，但还是可以看出基本属于深衣惯制。

这一时期平面图案中显示服饰形象的主要资料可参看四川成都出土的采桑宴乐水陆攻战纹铜壶上的纹饰。其中，兵士身穿长裤、短袍，腰束带，头上戴着具有三尖状装饰物的帽子。采桑女子则为长辫、裹巾，身穿曲裾服，并着长裙。

商至战国，时间长达一千四百年。这一时期正是服饰制度开始建立并不断完备的阶段。无论是服饰成型，还是着装规范，都呈现出空前未有的规整态势。中国古代服饰正渐趋成熟。

注　释

[1] 杨泓《美术考古半世纪》，文物出版社 1997 年版。

［2］中国科学院考古研究所《上村岭虢国墓地》，科学出版社 1959 年版。

［3］北京大学考古系等《天马—曲村遗址北赵晋侯墓地第二次发掘》，《文物》
1994 年第 1 期。

［4］山西省考古研究所等《天马—曲村遗址北赵晋侯墓地第四次发掘》，《文物》
1994 年第 8 期。

［5］北京大学考古系等《天马—曲村遗址北赵晋侯墓地第五次发掘》，《文物》
1995 年第 7 期。

［6］孙庆伟《两周"佩玉"考》，《文物》1996 年第 9 期。

［7］马得志、周永珍等《1953 年安阳大司空村发掘报告》，《考古学报》1955 年
第 9 期。

［8］《文化大革命期间出土文物》（第一辑），文物出版社 1972 年版。

［9］李也贞、张宏源等《有关西周丝织和刺绣的重要发现》，《文物》1976 年第 4 期。

［10］《俯身葬》，《安阳发掘报告》，第 3 期，1931 年版。

［11］梁思永等《侯家庄 1001 号大墓》上册，1962 年版。

［12］同［9］。

［13］熊传新《长沙新发现的战国丝织物》，《文物》1975 年第 2 期。

［14］吴淑生、田自秉《中国染织史》，上海人民出版社 1986 年版。

［15］彭浩《楚人的纺织与服饰》，湖北教育出版社 1996 年版。

［16］《新中国考古五十年》，文物出版社 1999 年版。

［17］《民国十八年秋季发掘殷墟之经过及其重要发现》，《安阳发掘报告》第 2 期，
1930 年版。

［18］梁思永《国立中央研究院参加教育部第二次全国美术展览会出品目录》，
1937 年版。

［19］《梁思永考古论文集》，科学出版社 1959 年版；《殷代头饰举例》，《历史语言
研究所集刊》28 下，1957 年。

［20］《殷代头饰举例》，《历史语言研究所集刊》28 下，1957 年。

［21］《金匮论古初集补正》，《金匮论古综合刊》第 1 期，1955 年。

［22］梅原末治《河南安阳遗物之研究》，1941 年版；《殷墟》，1964 年版。

［23］中国社科院考古研究所《20 世纪中国考古大发现》，四川大学出版社 2000
年版。

［24］王孖、王亚蓉《广汉出土青铜立人像服饰管见》，《文物》1993 年第 9 期。

［25］郭沫若《关于晚周帛画的考察》，《人民文学》1953 年第 11 期。

［26］《中国历代服饰》，学林出版社 1984 年版。

三

秦汉威仪

在中国历史上，秦汉雄风体现在大一统的局面中，体现在奔放豪迈的气势中。考古发掘表明，秦汉人生前死后的服饰也具有超凡的风采。

（一）秦始皇陵兵俑的戎装服饰

古代兵戎服饰形象在考古发掘中并不鲜见，但像秦始皇陵兵马俑坑这样集中且规模庞大的目前还是绝无仅有的（图九、一〇）。

1962 年，陕西省文物管理委员会组织人员对秦始皇陵进行勘察。1974 年，考古工作者又进行了勘察，发现三个巨大的兵马俑坑。这三个坑（另有一个 4 号坑属当时未建成即废弃的空坑）位于秦始皇陵东侧 1.5 公里。

1 号坑面积为 1.4 万平方米，埋藏陶俑人、陶马约六千件，推测是战车、步兵相间排列的长方形军阵。军阵由三列横队共二百一十名弓弩手组成前锋，后面是由三十八路纵队步卒簇拥着驷马战车构成的主阵。两侧各有一列面向朝外的弓弩手，构成侧翼卫队和后卫。2 号坑面积约 6000 平方米，出土陶俑、陶马一千三百件，由弓弩手方阵、战车方阵、车徒结合的长方阵和车骑结合的长方阵四部分组成，是以战车和骑兵为主的军阵。3 号坑面积为 520 平方米，埋葬战车一辆和

图九　陕西临潼出土秦陶兵俑

六十八个卫兵俑。据考古人员推测，三个坑中原来可能埋有武士俑不下七千个，驷马战车一百多乘，战马一百多匹[1]。

　　关于中国戎装的考古发现，最早的应是1935年河南安阳侯家庄1004号墓南墓道中出土的商代皮甲残迹。出土时，皮

图一〇 陕西临潼出土秦陶兵俑

革已腐烂成粉末，只有甲面用黑、红、白、黄四色漆彩绘的图案纹理残迹仍遗留在土中。残迹的最大直径均在 40 厘米左右，据此可认为是整片的皮甲[2]。与皮甲残迹同时出土的还有约一百四十顶铜胄。关于甲的真正产生时期，《史记·夏本纪》中说是帝杼"作甲者也"。杼是夏王朝第七代君主。《史记·五帝本纪》中又引《管子·地数篇》说甲是蚩尤发明的，并"受庐山之金，而作五兵"，但是迄今没有确切可信的早期甲胄实物出土。

西周时期的甲胄目前已发现几处，如 1974 年在山东胶县西庵发现的一组铜铠甲，胸甲分左、中、右三片，估计是钉在皮甲上的[3]。1975 年，在北京昌平西周木椁墓出土一件铜胄。1984 年，在陕西长安普渡村 18 号西周墓中出土了四十二片铜甲片[4]。能够发现较为成形的皮甲实属不易。湖南长沙浏城桥 1 号墓里，曾出土一领春秋晚期的皮甲。这领皮甲由六种式样的甲片组成，长方形的两种，呈璜形的两种，还有弯角形和枕形的各一种，上面都有编缀用的小孔。长方形甲片有的长 15、宽 13 厘米，有的长 20.5、宽 13 厘米。由于出土时甲片已经凌乱，所以只能推断长方形甲片可能是编缀"身甲"的主要甲片，其他四种可能用来编缀边缘部分[5]。1978 年，在湖北随县曾侯乙墓出土了大量皮甲胄。经过清理，复原了其中比较完整的十二套。这些皮甲由甲身、甲袖和甲裙组成，甲身为两排二十一片，分作胸甲、背甲、肩甲、肋甲、大领；甲袖为十三排八十七片，甲片均有弧度；甲裙为四排五十六片。甲片的编缀方法，横向均为左片压右片，纵向均为上排压下排。胄也是用十八片甲片编缀起来的。不少甲片出土时，孔内还残留着丝带，说明甲是用丝带组编的。甲片的表面均涂漆[6]。

先秦时期的皮甲胄和铜甲胄制作精美，显示出高超的铸造技术和装饰艺术水平。如 1972 年在云南江川李家山发现的青铜甲片上，就有用阳线铸成的异常精致的花纹[7]。除皮甲和铜甲胄以外，战国时期还发现有木甲。这种甲是以木为胎，两面贴革片，表面髹黑漆。甲片较长，上下只有五排[8]。考古发掘证实，战国时期已开始使用铁甲胄。1965 年，河北易县燕下都遗址中，发现了一件由八十九片铁甲编缀成的铁兜鍪[9]。

秦代的军戎服饰是迄今发现的古代戎装实物资料中最全面、准确、详细的。秦始皇陵兵马俑坑出土的铠甲按形制可分为四型六种。第一型仅能护胸腹，应是较原始的铠甲。第二型可分为两种。一种前身下缘呈三角形，长度至小腹下。有的加以整片皮甲做成的护膊，有的没有。铠甲的甲片比一、三型显得小而薄，很可能是模拟铁甲片。甲片的表面，铠甲的胸前、两肩和后背，都有彩带作装饰。有关考古报告中称这种铠甲为将军所用。另一种前身下缘平直，直及膝下，披膊也是用甲片编缀而成。这种铠甲的甲片比前一种略大，也可能是模拟铁甲片，但铠甲上没有彩带装饰。考古界人士认为穿这种铠甲的人官职比将军低，但比步兵、骑兵高。第三型铠甲发现数量最多。骑兵俑和步兵俑都穿此类铠甲，甲片略大、略厚，很多研究者都认为是模拟皮甲。第四型是御手专用甲，甲身形制与第三型差不多，但甲片较小，甲身要长得多，有高高竖起的盆领和长及手背的甲袖。仔细观察这些铠甲，发现都是在右侧腋下开襟。甲片固定不用绳带，而是用甲钉。模拟铁甲的四周都有包边，而模拟皮甲的则没有[10]。

这些兵俑的铠甲里面，是絮夹袍，这从厚厚的翻卷起的衣领、袖口和袍服衣纹处可以看出来。有人认为是深衣，笔者认为还是称絮夹袍比较合适。在全部兵俑中，只穿袍而无铠甲的约占有三分之二。有人认为可能是一种软甲[11]。

兵俑的头上有的戴巾帻，有的戴帽，有的戴冠，有的索性露着发髻，发髻则有多种梳法。鞋也有四种，为高筒靴、方口翘头履、方口齐头履、方口翘尖履。另外，从穿袍服的俑上可以看到，戎服外一般都束腰带，腰带用皮革制成。陶俑最初出土时有的是着色的，其中袍服主要有紫、浅紫、朱红、粉红、绿、粉绿、蓝、浅蓝、黑等色；铠甲主要是赭色，上面的甲钉及编缀的绳带和包边有白、中黄、橘黄、朱红等色。第一、二型铠甲的领口、胸前和背后的束带还绘有几何花纹，鞋面则有赭黑、赭和橘红等几种颜色。

在秦代戎装基础上发展起来的汉代戎装，在增强护卫能力的同时，制作更为精致，结构亦更为复杂。考古发掘中发现的汉代铠甲，基本上都是铁铠甲。

1957 年，洛阳西郊 3032 号西汉晚期墓中出土一残铁铠，保存有三百二十八片甲片[12]。

1960 年，内蒙古呼和浩特市郊二十家子汉城遗址出土了一领完整的铁铠[13]。

1968 年，河北满城汉中山靖王刘胜墓出土了一领铁铠甲[14]。

1979 年，山东临淄大武村西汉齐王墓 5 号随葬坑中出土了两领铁铠和一顶铁胄[15]。

1983 年，在广州西汉南越王墓西耳室随葬器物中，也发现一领保存基本完整的铁铠甲[16]。后三座墓出土的铁铠，内层都有皮革，外层则有绢类织物，甲的各部边缘都用织锦包边。衬里除了皮革、丝绢外，还使用麻布。

以上五处考古发现说明，当时不分南北，都有类似形制的铁铠出土，这表明各地社会进程的接近以及文化交流的广泛。另外，还有很重要的一点，即中国文化同源，在战争防御服饰方面则表现为发展同步，且风格接近。

除了戎装实物以外，1965 年咸阳北郊杨家湾传为周勃墓附近的土坑中，还发掘出两千五百多件彩绘兵马俑[17]。这些俑较之秦始皇陵兵马俑体形较小，但着色鲜艳，并以黑色来代表玄甲，即铁甲。将官的铠甲采用鱼鳞状的小甲片编成，共有十五排左右。腰带以下部位及披膊仍用扎甲，以便于活动。兵士铠甲仅在胸背部位有甲片。胸甲和背甲在肩部用带系连，腋下也用带子相连。采用的甲片均呈长方形，前后各三排，最高一排用六片，下面两排各八片。为了轻便，这类铠甲的下摆仅至腰部，多用于骑兵。咸阳杨家湾出土的骑兵俑几乎都穿着此种铠甲。

《尚书正义》引《经典释文》说："甲胄，秦世以来始有铠、兜鍪之文。古之作甲用皮，秦汉以来用铁。铠、鍪二字皆从金，盖用铁为之，而因以作名也。"通过考古发现的实物证明，古籍记载相对来说还是不甚准确。因为从出土物中发现战国时已使用铁甲。而兜鍪则更早，如在安阳侯家庄殷墓即有兽头铜盔盔顶出土。

（二）汉墓出土的织绣服饰

汉代服饰考古中的另一重要发现，是织绣服饰品及其面料。这些实物的出土主要集中在"丝绸之路"沿线和长沙马王堆汉墓。两千年来，由于气候干燥较少扰动，"丝绸之路"附近很多当年被黄沙掩埋的丝织物及服饰品得以完好保存下来，为今日的研究提供了难得的资料。长沙虽地处湖南，但轪侯妻墓（即马王堆1号汉墓）墓室结构严密，白膏泥防潮层性能好，又未经盗扰破坏，因而也留下许多光泽如新、韧性尚佳的服饰品。

1. 长沙马王堆汉墓出土的印染织绣服饰

湖南长沙市马王堆汉墓是西汉初年长沙国丞相轪侯利仓及其家属的墓葬。其中1号墓主为利仓之妻。这座墓虽然和另两座墓的结构基本一致，也是在墓底和墓室填塞了木炭和白膏泥，但比较起来，封固最为严密，造成低温、缺氧的环境。正因如此，才能保留下两千余年前的彩绘帛画、墓主人身上装殓的各式衣服、衾褥、丝麻织物等。该墓还发现大量品种丰富的织绣品。

马王堆1号汉墓发掘出的实物资料，不仅品种多样，而且质地坚固，色泽鲜艳。出土物包括素纱单（古作禅）衣、素绢丝绵袍、朱罗丝绵袍、绣花丝绵袍、黄地素缘绣花袍、绛绢裙、素绢裙、素绢袜、丝履、丝巾、绢手套等，加上整幅或残幅的丝帛，如绀地红矩纹起毛锦、香色地红茱萸花锦、烟色菱纹罗、香色对鸟菱纹绮，数量达百余件。仅凭直观能够识别的颜色就有近二十种，如朱红、深红、绛红、绛紫、茶褐、棕、黄棕、浅黄、青、绿、白、灰等。花纹的加工技法有织花、绣花、泥金银印花、印花敷彩等（图一一）。图案花纹除传统的菱形外，还有各种变形动物纹、云纹、卷草纹及点、线等。其中一件素纱单衣，衣长160、袖通长195厘米，重量只有48克，考古工作者赞其薄如蝉翼，轻如烟雾。据测算，一件素纱

图一一　湖南长沙出土汉印花敷彩绛红纱曲裾锦袍

单衣用料约 2.6 平方米，假如去除边缘厚重的绢的部分，实际纱的重量 1 平方米只有 12~14 克重。其单丝条份仅 11.3 但尼尔，较之于现代的一些真丝织品，其纤度和单位重量大约只有一半（图一二）。这说明，早在两千一百年前的中国，缫纺蚕丝的技术已被人们娴熟掌握了。据《事始》引《二仪实录》记载："秦汉间有夹缬法，不知何人所造。陈梁间贵贱通服之，可知起汉代而为六朝人用。"有学者在 1958 年时认为"就实物和文学联系分析，可知染缬盛行于唐代，技术也熟于唐代"[18]。而考古的功劳即在于，它以出土实物资料显示着并不断推翻着以前的论断，提供前所未能掌握的真实情况。这两件印花纱已经说明，染缬技术并非成熟于唐代，而是至迟成熟于

图一二　湖南长沙出土汉素纱单衣

西汉。因为马王堆汉墓出土的印花敷彩纱，已可用朱红、粉白、墨、银灰、深灰五种颜色，印出藤本植物的变形纹样——枝蔓、蓓蕾、花蕊和花叶，线条流畅，交叉自然。泥金银印花纱则是由均匀细致的曲线云纹和一些小圆点组成，曲线为银灰色和银白色，小点为金色和朱红色，线条光洁挺拔，基本无溃版胀线情形。这两件作品绚丽精美，工艺制作已明显超过早期染缬：蜡缬、夹缬、绞缬[19]。有专家认为，这时已采用两块阳纹版，并能做到全幅印到，花纹规整，线条清晰、匀净，有弧度[20]。

另外，从"信期绣"茶黄罗绮绵袍、"信期绣"手套、"乘云绣"绢枕巾、"茱萸绣"残衣、"云纹绣"衣饰、"长寿绣"

镜衣等四十件绣衣物件上看，皆已具有相当高的刺绣水平。其花纹多样，图案富有寓意，布局优美，绣法多样，用线平匀，针脚整齐，并能分别采用平针绣、辫绣、锁绣等几种针法，丝线有绛红、朱红、土黄、宝蓝、湖蓝、草绿等多种颜色。那些飞旋的花朵、曲卷的枝叶，动静相宜，极富生气。

2．"丝绸之路"上发现的汉代服饰

1900年，瑞典人斯文·赫定发现了位于新疆罗布泊西北的楼兰古城，并于1901年进行初次发掘。1906年、1907年和1914年，英国人斯坦因多次对楼兰进行发掘。这些发掘都是掠夺性的。

中华人民共和国成立以后，在1979年、1980年又对楼兰古城遗址进行了调查发掘。1988年，新疆文化厅专门组织楼兰文物普查队对楼兰古城进行了调查[21]。

此处发现的古代服饰，多属汉代遗物，其中有些属于汉晋之间，还有的下延至唐代。在楼兰古城周围发现了戴毡帽并插有骨质头饰的干尸头颅。另外，还出土了锦、绢等丝织品，绳、布、辫带等毛织品和毡制品，布或纱布等棉织品，麻织面料的鞋、绳等，以及金银戒指、扣饰、环、小铃和骨、玻璃、玉髓等制成的珠子。

在孤台墓地发现的时代为西汉的服饰面料，一般是在丝织品上织出以文字为主题的图案，如"延年益寿大宜子孙"锦、"延年益寿长葆子孙"锦、"长乐明光"锦、"长寿明光"锦、"续世"锦、"广山"锦、"登高望"锦、"望四海贵富寿为国庆"锦等。

1995年，中日尼雅遗址联合考察队在新疆民丰尼雅取得重大考古收获，其中最重要的是在近100平方米的汉晋时期尼雅绿洲贵族墓抢救性地发掘清理的八座墓葬。其葬式有夫妻合葬、单人葬等。随葬品包括纺轮、丝毛织物、晕染毛织袋、蜻蜓眼料珠及小皮囊等。有的墓中服饰实物非常丰富,男、女主人身盖色彩斑斓的锦被,穿锦袍、锦裤、锦袄、绸衣,着红呢绣花靴、皮底花凉鞋,且均覆锦质面衣。男主人头戴白绸风帽,女主人额部扎一条色彩艳丽的几何纹丝质组带,耳垂坠一组珍珠、金叶耳饰,颈佩红绢珠形项链。尼雅出土了大量花纹繁缛、色彩绚丽、保存完好的丝织面料。其中仅织锦类就有十余种,图案题材包括虎、龙、狮、豹、马、鹿、骆驼、孔雀、鸟、舞人、辟邪、骑马武士、猎人狩猎及云气纹、茱萸纹等。间织小篆的吉祥语是尼雅95号墓地出土织锦的一大特色,如"王侯合昏千秋万岁宜子孙"、"世毋极锦传二亲"、"世极锦宜二亲传子孙"、"延年益寿长葆子孙"、"安乐如意长寿无极"、"千秋万岁宜子孙"、"登高明望四海贵富寿为国庆"、"恩泽万岁大孰常葆二亲子孙息弟兄茂盛无极"、"广山"、"文大绣"、"讨南羌"、"金池凤"等[22]。文字内容明显带有汉代谶纬之学的痕迹。

新疆尉犁营盘墓地,在1995年的清理发掘中也发现多件服饰。其中一座男女合葬墓,随葬品和随身衣服保存完好。墓主人头部裹以羊绒或毛巾,下颌至头顶用绢带扎系,长发在脑后挽结。额前、下颌都系有贴金的绢带。身着绢披风、淡黄色绢夹袍、纱绮夹衣、蓝юю半绒阔袄、双面阔袍、毛绣长裤,足穿编织履皮靴、毡袜等。营盘墓葬中最引人瞩目的发现是1997年5月初开启的15号墓木棺。棺内葬有一男性,身盖素绢衾,面覆麻质人面形面具,身着红地对人兽树纹双面阔袍、素绢贴金内袍、菱纹四瓣花毛绣长裤,足蹬绢面贴金毡靴,腰

图一三　新疆洛浦出土汉缂毛人首马身纹裤（残）

系绢带，上挂绮面香囊及丝制小饰件，左臂缚一长方形蓝绢地刺绣品[23]。这件缚在臂上的刺绣品很像汉晋墓出土的"五星出东方利中国"锦质护膊。

汉代是我国印染织绣工艺全面发展的年代，加之"丝绸之路"上的商贸活跃，更使当时的服饰水平大幅度提高。1984年，新疆博物馆与和田地区文物管理所，对洛浦的山普拉古墓地进行了两次发掘，共清理战国至东汉时期的墓葬五十二座。
1 号墓中曾出土一件比较完整的彩色缂毛裤。这条裤上的图案
布局及形象都非常奇特。一条裤腿上织有一个男子头像，发束
带，浓眉大眼，眼珠碧蓝，隆鼻厚唇；另一条裤腿上织有一组
植物图案，其由十余个四瓣花组成一个菱形格，菱形格内有一
半人半马的形象[24]。这一半人半马的神奇人物可能即是希腊
神话中的堪陀尔（图一三）。另一裤腿上的人物头像，虽刻画

图一四　新疆洛浦出土汉辫绣朵花毛织带（残）

简单,但极为近似斯坦因得自楼兰的毛织品上的赫密士（希腊
神话中的众神之使）头像[25]。这倒使笔者想起，新疆出土许
多织物上的人物形象常具有欧罗巴人种的特征，而植物或动物
又是中原产物。这充分说明了"丝绸之路"对中西文化交流的
促进作用（图一四）。

（三）汉墓出土的金缕玉衣

汉代皇室贵族葬服，曾盛行"玉衣"。这一时期主要为西
汉文帝前元元年到魏文帝曹丕黄初三年（公元前 179 ～公元
222 年）之间。关于玉衣形制，据《后汉书·礼仪志下》注引

《汉旧仪》记载："帝崩，……以玉为襦，如铠状，连缝之，以黄金为缕。腰以下以玉为札，长一尺，（广）二寸半，为柙，下至足，亦缝以黄金缕。"《后汉书·梁竦传》注引《汉仪注》云："王侯葬，腰以下玉为札，长尺，广二寸半；为匣，下至足，缀以黄金缕为之。"葬服用玉，在东汉时已形成制度，玉衣也称"玉柙"，《后汉书·礼仪志下》记载得十分详细："大丧。……守宫令兼东园匠将女执事，黄锦、缇缯、金缕玉柙如故事。……诸侯王、列侯、始封贵人、公主薨，皆令赠印玺、玉柙银缕；大贵人、长公主铜缕。"

1946 年 9 月，河北邯郸郎村汉墓出土残存铜缕玉衣片。1954 年，江苏睢宁九女墩汉墓出土银缕玉衣片三百余片。1955 年 4 月至 9 月，河北望都 2 号汉墓出土铜缕玉衣片四百五十二片。1955 年，江苏徐州石桥 1 号汉墓出土残存玉片两片。1956 年至 1957 年，云南晋宁石寨山古墓出土玉衣片六十六片。1958 年，山东东平王陵山汉墓出土铜缕玉衣片一千六百四十七片。同年，湖南长沙杨家山 1 号汉墓发现残存玉衣片。1959 年，河北定县北庄汉墓出土两套鎏金铜缕玉衣。河南孟津送庄汉墓出土铜缕玉衣片三十片[26]。但这些陆续发现的玉衣或玉衣片均不完整。

1968 年，中国科学院考古研究所与河北省文物工作队，对位于河北满城陵山的西汉中山靖王刘胜及其妻窦绾的墓葬进行了发掘。刘胜墓为一棺一椁，窦绾墓仅一棺，二者均为漆棺。但窦绾的漆棺在棺内周壁用一百九十二块玉板镶嵌，棺外则镶嵌着玉璧，棺盖及左右侧壁各镶八块，前后挡镶大型玉璧各一块。由此可见其玉葬之规模。

刘胜夫妇均以金缕玉衣为殓服。此系将四周穿孔的玉片以金丝编缀成的类似铠甲的葬衣。刘胜的金缕玉衣全长 1.88 米，用玉两千四百九十八片，用金丝约 1100 克（图一五）。窦绾的玉衣全长 1.72 米，共用玉两千一百六十片。

　　汉人重玉，一则沿袭了先秦儒家"于玉比德"、"君子无故玉不去身"的传统观念；二则也说明时人认为以玉衣为葬服，可保尸身不朽；三则因汉武帝时张骞打通西域之路，又有重兵抵御匈奴，从而保障了河西走廊的畅通，使新疆玉材得以大量东运。

　　随着考古发掘工作的不断深入，1969 年至 1973 年河北定县中山穆王刘畅夫妇墓、中山怀王刘修墓又接连出土一套银缕玉衣、一套铜缕玉衣、一套金缕玉衣。40 号汉墓出土的金缕玉衣总长 1.82 米，总计用玉片一千二百零三片，金丝约 2580 克[27]。20 世纪 70 年代以后，发掘出土的玉衣实物更加丰富。1970 年，江苏徐州土山汉墓出土一套银缕玉衣。1974 年至 1977 年，安徽亳县董园村 1 号汉墓出土银缕、铜缕玉衣各一套。1978 年，山东临沂洪家店汉墓出土金缕玉头罩、玉手

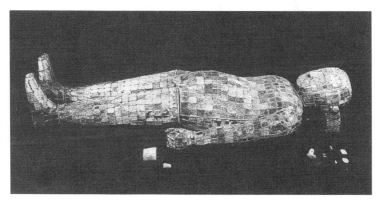

图一五　河北满城出土汉金缕玉衣

套和玉鞋。1983 年，广东广州象岗山汉墓出土第二代南越王的一套丝缕玉衣。除此之外，在河北邢台南郊汉墓、石家庄汉墓，山东曲阜九龙山 3 号汉墓、五莲张家仲崮汉墓、睢宁刘楼汉墓，江苏徐州北洞山汉墓，河南洛阳东关汉墓、永城僖山汉墓、洛阳汉墓、淮阳汉墓，陕西咸阳杨家湾 4、5 号汉墓，安徽亳县董园村 2 号汉墓等处，分别发现了金、银、铜缕玉衣片，多的如淮阳陈顷王刘崇墓中出土一千八百余片，少的只有一两片[28]。

从这些考古发现的玉衣上，我们能够大致了解到汉代玉衣的几个特点。第一，是御赐玉衣或自备玉衣，基本遵守关于身份地位的规定。但也有例外，如东汉刘焉用鎏金铜缕玉衣，而未用银缕，可能是皇帝特赐，也可能二者规格相当。玉片多数为长方形、方形，每片四角各有一孔，也有梯形、三角形和不规则四边形。少数为凸字形鳞甲状，边缘和中部的上下有穿孔，多者一片上有七个孔。北洞山楚王墓中出土的即是此种玉片。这或许就是《吕氏春秋·节丧》中所记载的"鳞施"。有人推测，这种玉片可能是"作双层，表面呈鳞片状"[29]。第二，多数玉衣用金属缕，但第二代越王墓出土的是丝缕玉衣，即用丝线和丝织带编缀。出土时，玉衣片已散乱。除玉衣之外，头两侧各置玉璧一块，背下垫大玉璧一组。玉衣内墓主人胸腹处置玉璧一组。玉衣之上，胸部置小型金银泡饰、料贝饰一组；腰部以下置金珠、玉珠等饰物一组。除了考虑年代较早（汉武帝时）以外，丝缕玉衣是否还有区域特色尚有待深入研究。

另外有一点需要注意的是，1985 年 5 月，扬州宝女墩出土汉代玻璃衣片葬服，尽管只是在 104 号墓出现十九片完整的可拼合的玻璃衣片，但却极具研究价值。在此之前，扬州"姜莫书"西汉墓曾出土玻璃衣片近六百片。除素面外，宝女墩出土的衣片上有的还模铸阴纹，其花纹有变体柿蒂纹、云雷纹、云纹和白虎星辰纹四种。有人认为"汉代玻璃器由装饰品演进到礼器、器皿和殉葬用品，盛行模仿玉器并部分取代了玉器"[30]。这种玻璃是中国独有的，被称作铅钡玻璃。据考证，它起源于我国，时间大约在战国到汉代期间，曾被广泛地用作玉器的代用品。玻璃衣就是其中一例。另有出土的玻璃璧等都与玉器形制一样。汉代以后，铅钡玻璃就较为少见了[31]。

除了玉片和玻璃片以外，1969年和1972年在广西西林普驮发现用铜棺、铜鼓作葬具的汉墓。铜鼓墓用四面互相套合的铜鼓作葬具，随葬品主要有铜器和玉器、玛瑙器。最内层置放墓主人，全身裹有用玉管、玛瑙串珠、绿松石珠等穿缀成的"珠襦"。经考证，墓主人可能是汉代句町族的首领[32]。这种葬衣材料丰富，但极为少见。

（四）墓葬出土的带钩、带扣及玉饰

1. 带钩

带钩，主要指革带上以钩纽连体为特征的实用饰件。它是春秋、战国服饰中的新角色，到了秦代，应用极为普遍。

学术界一直认为，带钩之兴起，源于战国中期，是赵武灵王推行"胡服骑射"时从北方游牧民族，即胡人那里引进的。但据考古发掘证实，北方"胡地"出土带钩的数量并不多，时代也不太早，出土较多的只是一种扁状的具有凹凸花纹的金属带扣。而在"胡服骑射"之前，中原和南方广大地区早已大量制作和使用带钩了。

　　早在公元前 7 世纪的春秋早、中期，齐鲁两国已使用带钩。《史记·齐太公世家》中记载：鲁"使管仲别将兵遮莒道，射中小白带钩"。这是见到"带钩"全称的最早的文字资料。此事在《左传》、《国语》、《管子》、《吕氏春秋》、《战国策》等书中均有记载。《国语·晋语》中还有"乾时之役，申孙之矢，集于桓钩"之语。《吴越春秋·阖闾内传》记："吴作钩者甚众。""王钩甚多"。但带钩被认为是由北方游牧民族传入中原的说法，也不是没有原因的。因为带钩有许多名字，如鲜卑，或作胥纰、犀毗、师比、斯纰、斯比等，显然是从"胡名"，被指明是用在钩络带（革带）上的铜钩。其主要形制是一端曲首，背有圆纽。

　　"胡地"所见带钩年代不算太早，迄今为止最早的一例是辽宁喀左南洞沟青铜短剑墓出土的，时代为春秋、战国之交[33]。春秋中、晚期的齐、楚、秦等国已经可以制作精巧的带钩。如山东临淄郎家庄春秋 1 号齐墓出土金带钩两枚、铜带钩六十四枚，墓中仅一殉人就佩有带钩九至十一枚，最少的也有四枚。河南固始发现的宋景公之妹勾敨夫人墓，出土玉带钩一枚，年代早到春秋中晚期。湖南湘乡红仑上 10 号墓和陈家湾 17 号墓各出土铜带钩一枚，时代定在春秋时期。陕西宝鸡茹家庄 5、7 号秦墓各出土一枚铜带钩。凤翔高庄 10 号秦墓出土金、玉、铜带钩，均属春秋晚期。在战国时期墓葬中，带钩出土渐多。如湖南长沙浏城桥 1 号墓、湖北江陵藤店 1 号墓和望山 1 号墓、随县曾侯乙墓，河南信阳楚墓、淮阳平粮台 4 号墓，陕西凤翔高庄战国初年九座秦墓也出土有铜、铁带钩。从战国中晚期至两汉，带钩的使用相当普遍，各地发现很多（图一六）。两晋时期，带钩的使用渐有衰减之势[34]，但其中也不

图一六 山东曲阜出土东周猿形银带钩

乏精品。如湖南安乡西晋刘弘墓出土的嵌绿玉龙纹金带钩[35]。直至宋代，仍发现有雕制十分精美的玉带钩[36]。这说明带钩是实用品，同时也有很强的装饰性。

《淮南鸿烈·说林》中写道："满堂之座，视钩各异，于环带一也。"河南辉县固围村战国墓曾出土一件银带钩，长18.4、宽4.9厘米，是形体适中略偏大的一种。古籍记载："长者盈尺，短者寸许。"带钩呈现出一个琵琶的形状，表面包金。末端成一兽头形，两侧有两夔龙和两鹦鹉互相缠绕。两夔身合为一个龙首后，口中衔着一白玉制成的凫头形弯钩。脊部镶了三枚白玉玦，玦面琢谷粒纹饰，在光照之下闪现出无数光点，正好与金银光泽相映生辉。玦心各嵌一颗蜻蜓眼琉璃珠，可惜当中一块中心的琉璃珠已经脱缺。

关于带钩的质料，如《梁书·夏侯详传》中记："役万人浚仗库防火池，得金革带钩"。出土遗物中多见金、银、玉、铜、铁质的带钩，也有石、滑石、骨、木、陶、藤和琉璃质的。但关于带钩的具体用法，却成为学术界多年来争论的问题。这必须根据考古的实际发现进行研究。即在开棺后，查看带钩在死者骨骸上的位置，如横置于腰腹部的，一般是用于系革带的带钩。河南洛阳烧沟墓主人腰部就发现有一枚[37]。这类带钩还在河南安阳大司空发现两枚，河北易县燕下都发现数枚，陕西西安半坡发现四枚。河北邯郸百家村 3 号墓一人骨腰部横置有两枚长带钩，而 57 号墓殉人腰部及河南辉县诸邱 2 号墓人骨腰部也见有并列的两枚带钩[38]。另外，在河南洛阳，辽宁旅顺，山西浑源，四川西昌、成都，山西孝义，甘肃武威，贵州威宁等地的汉墓中也发现许多放置在死者腰部的带钩[39]。

除了系革带用钩以外，佩刀、佩剑、佩弩也用带钩。这些带钩有时与刀、剑在一起出土，也就是说，出土时带钩的一头尚连接着剑鞘等。这些带钩发现时一般位于人骨的头、足部或其他位置。另外，还有佩物钩、佩饰钩等。不过，这些带钩体形较小。再有一种是专用来随葬的，这种带钩一般放在某种容器之内，江西南昌西汉墓的漆盒及湖南长沙汉墓的竹笥内都有发现。这大概与民间认为带钩会给人带来吉祥的说法有关。

2. 带扣

与带钩同为革带上金属括结具的还有带扣，它比带钩出现的年代略晚一些。带扣由于呈片状扁方形、方形或不规则形，又极易与马具、车具上的扣饰相混，所以在一般书上多将其称为扣饰。带扣绝大部分为铜制，金银带扣数量很少，但铜带扣上也经常采用鎏金、包金等工艺手法。我们可以认为，带扣与商周时期的带饰有渊源关系（图一七）。

带扣上的纹饰丰富多样。每一个带扣都是一幅图画，这成

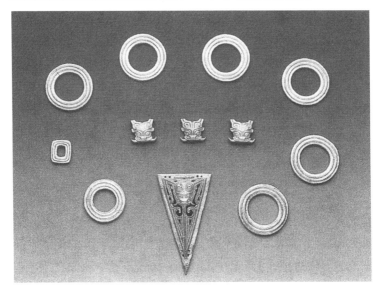

图一七　河南三门峡出土西周金带饰

为它不同于带钩的一个重要特点。从图案题材及装饰手法看，有的在正面以阴纹刻出简略的虎纹[40]；有的图案呈鹰喙鹿身、头生多枝长盘角的怪兽形[41]；有的铸出浮雕式的四狼噬牛纹[42]；有的在玉带扣上透雕云驼纹[43]；有的在鎏金的铜边框中镶嵌浅蓝色平板玻璃[44]。在内蒙古满洲里市扎赉诺尔与吉林榆树老河深两地的鲜卑墓中还出土了马蹄形带扣。其鎏金并饰以鲜卑神马纹。这种神马有双翅，且在鼻子正前方有一形似犀牛的独角。云南晋宁石寨山7号西汉墓出土的银带扣，长10.1厘米。扣面饰虎纹，虎目嵌橙黄色玻璃珠，虎体错金并镶有绿松石，一前肢握持"三珠树"之类卉木，背后则衬以缭绕的云气。新疆焉耆博格达沁古城黑圪垯墓出土的带扣与朝鲜平壤石岩里9号乐浪墓发现的龙纹金带扣形制相近，均长约

10厘米，纹饰锤鍱成型，为群龙戏水图。大多由一大龙和六
七条小龙组成一个图案，龙出没于激流漩涡间，劈波斩浪，身
姿蜿蜒，头角峥嵘，充溢着动感。龙体上满缀大小金珠。据考
证，"这些金珠不是将金液滴入冷水中凝成，而是先将金丝断
为等长的小段，再熔融聚结成粒，然后夹在两块平板间碾研，
加工成滚圆的小珠。这枚带扣上的金珠虽小，但排列得均匀齐
整、清晰光洁，肉眼几乎看不出焊接的痕迹，足见其工艺之精
湛"[45]。

另外，甘肃华池东豹子川王家街子曾出土一件具有典型匈
奴文化特色的透雕金带饰，即带扣。这件带饰呈横长方形，长
8.7、高6.3厘米，重63克，含金量为80%。其四周有一道
宽0.5厘米边框，上下框内沿各有一行乳丁纹。纹饰大致左右
对称，由凸起的小鹿首、猛兽、立鸟组成，其余部分则减地镂
空。位于中部的小鹿首上方有一凸起的圆环，直径0.6厘米。
鹿首两侧的二猛兽构成纹饰的主要部分。其兽耳直立，眼睛圆
睁，张嘴露齿，前足探伸，后足弯曲。兽的足趾与鸟爪相似，
三趾分立。其肢体浑圆，劲健有力。二猛兽的背部各立一鸟，
昂首翘尾[46]。这件带饰出土的地区在战国至西汉初年是匈奴
人活动的地方，其制作方法、纹饰结构与匈奴文化中青铜透雕
带饰的风格一致[47]，当属匈奴文化遗物。从纹饰结构看，与
西岔沟墓地所出双牛、双马、双羊、双驼纹饰的带饰属同一类
型[48]。

3. 玉饰件

除了前面谈到的葬服"玉衣"外，玉佩饰在出土的汉代玉
质饰品中也占了相当大的比重。

南越王第二代王文帝赵眜墓出土随葬器物一千余件

图一八　广东广州出土汉玉佩饰

（套），其中尤以玉器为多，属于服饰的有十一套组玉佩饰、五十八件玉具剑佩等。其中有 14 厘米长的凤纹牌形玉佩、3.5 厘米高的玉舞人佩，以及龙虎纹玉带钩、龙凤纹重环玉舞人、双龙纹玉璜、凤纹玉瑗、龙凤纹垂环玉佩等，刻工皆玲珑剔透，玉质精美，图案构成巧妙，动物形象变形大胆，气势奔放（图一八）。此墓的发现被认为是 20 世纪岭南地区最重要的考古收获，墓中出土的玉佩饰对于服饰文化研究有着重要的意义。

河北满城西汉刘胜墓曾经出土一件高 25.9 厘米的白玉双龙谷纹璧。璧上端附镂雕二曲翼龙，龙角呈丝束形。龙与云纹组成繁复、优美的图案。璧身雕均匀的谷纹，使平面璧体显得闪闪发光。

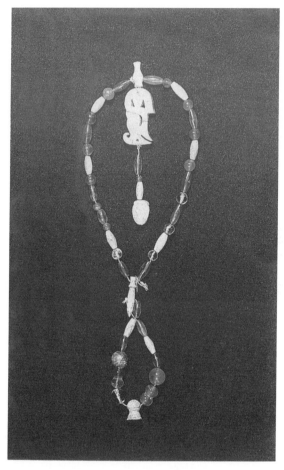

图一九　河北满城出土汉舞人玉串饰

　　北京丰台区大葆台出土的西汉舞人玉佩饰，高5厘米。在汉代玉佩中，这种女舞伎形象很多，南越王墓和满城汉墓中都发现有类似的形象（图一九）。河南洛阳金村墓出土的战国时期的舞人四龙金玉项饰上的两个舞蹈人形象也是长袖，不免使人想起"楚腰纤细掌中轻"的诗句。这种图案上的服饰，一般为长袖舞服，充分体现出中国人"多财善贾，长袖善舞"的传统意识。大凡这种玉佩饰，造型都十分优美，以舞女的动态，表现出人体运动的韵律，于汉代艺术的朴拙之中显示出诱人的轻灵。

先秦时期主要用于祭天的璧、祭地的琮、祭神的圭，随着汉代人的务实而逐渐失去其礼玉的功能，而小型玉璧、玉瑗、玉环、玉璜、玉玦等则开始向服饰佩玉转化。就佩玉本身来说，原先那些关于佩玉的规范也逐渐失去了它的约束力量。汉代佩玉越来越脱离礼的制度化，趋向于美，趋向于神禽异兽纹饰的浪漫而别开生面。

（五）墓葬遗物上的服饰形象

汉代较之先秦在人文文化上有很大发展，其中服饰形象在多种遗物上被保存下来，如帛画、壁画、画像石、画像砖、木俑、陶俑、铜俑（包括执器俑人）等。只是比较来说，汉代服装款式较为单一，我们能够看到的主要是各种袍服，间或有女性深衣及艺人的短裤等。贵族的丧葬制度更加礼制化，因此，汉代的葬具——"非衣"上也有特殊的服饰形象。

1．帛画上的女性深衣

汉代帛画在长沙马王堆1、3号汉墓和山东临沂金雀山9号汉墓都有出土。

长沙马王堆1号汉墓中出土一幅彩绘帛画，发掘时覆盖在内棺上，被认为是葬仪中使用的旌幡（通常是送葬时前举，葬时覆于棺上）。虽然说它的内容也是引魂升天，但比起战国楚墓的引魂升天图来，可谓复杂得多，也精致得多。画中主体部位绘一雍容华贵的妇人，身着宽袖紧身的深衣，衣襟绕身体几周，以丝带系在腰间。衣长曳地，下摆处露出歧头丝履的鞋头部分。深衣上绘有精美华丽的花纹，形象与色彩效果都同于墓中出土的"乘云绣"或"云纹织锦"。在衣服的边缘，如领、袖、襟边都缀有相同质料制成的衣边。妇人脑后梳髻，髻上插有首饰，头前发间戴簪钗步摇。身后的三名侍女发式与妇人接近，只是未绘簪钗等饰件，服式也为深衣，但颜色分别为浅灰、朱红和棕。除领部有少许花纹外，全身为素色。妇人前有二侍者，均为跪姿，戴长冠。一穿红衣，一穿灰赭衣，也是红衣领上略有点状纹饰，其余为素色。

从这些人衣领特征来看，都属于三重深衣，即外衣领较大，内层到外层显现出三层衣领的效果。

画面上其他人物，包括神话人物人首蛇身的伏羲（或是女娲），披发无冠，上身为汉人皆穿的袍。守天门的两位帝阍，也是头戴冠，身着袍。除双手托大地的力士为裸体外，其他宴饮的人士均为戴冠着袍，与汉墓壁画及陶俑等反映的现实人物的服饰形象一致。马王堆汉墓其他帛画上的人物形象也以袍服为主。由于汉代人崇尚孝悌，事死如生，故此为我们的研究提供了可靠的形象资料。

2. 壁画上的袍服与乐舞服

西汉晚期兴起的以彩绘壁画为装饰的砖石结构墓，到东汉时期流行开来。墓主多为豪强地主和高官显贵，壁画内容中有表现墓主人庄园生产活动场面的农耕、蚕桑、放牧、狩猎等，有表现墓主人仕官经历和身份的车骑出行、任职治所、属吏、幕府等，再有就是表现墓主人享乐生活的燕居、庖厨、宴饮、乐舞百戏等，还有的是宣扬儒家伦理道德的历史故事、神话传说及天象类题材。其中神话人物服饰除一部分沿用前代传说外，主要取自于现实生活，完全可以为今日研究所引证。

1976年，洛阳博物馆在河南洛阳烧沟村附近发现卜千秋壁画墓。其上虽然也有男女墓主人在仙人引导下乘仙鸟和龙舟凌云飞升的画面，但人物服饰形象着墨太少，仅见上身袍领、袍袖，其余部分都隐没在异兽祥云之中了。另一座墓于1957年由河南省文化局文物工作队主持发掘，在这座墓主不明的墓室中，壁画内容多为"二桃杀三士"、"孔子见老子"等历史故事。其中"鸿门宴"中刻画了刘邦、项羽、樊哙、张良、项庄等。从服饰上看，其大都着当时男服——袍，只不过有长有短，袍上隐约可见镶有袍缘，直裾。短袍在膝下，长袍齐地，显出文武与老少的不同。另外，戴冠、佩剑均为汉时风尚。

1952年、1955年，河北省文化局文物工作队先后发掘了河北望都两座东汉晚期墓葬，均属大型砖室壁画墓。两名墓主人都是官员，根据出土遗物推测，1号墓主人曾由河南尹升仙三公。2号墓主人可能是中山国蒲阴助所博成里人，曾任太原太守。由于两墓墓主身份相近，所以两墓壁画内容也大同小异，而且画中人像上方均有文字署明官职等。如1号墓有属吏图，绘人物肖像二十五个。墓门两侧为"门亭长"和"寺门卒"，其他还有"仁恕像"、"贼曹"、"抬鼓掾"、"主记史"、"文簿"、"辟车伍佰八人"及门下五吏，如"门下功曹"、"门下小史"等。"辟车伍佰八人"文字下的一位官员，头戴平巾帻，身着曲裾袍，袍身长仅及膝部稍下，脚蹬浅履。"门下功曹"头戴梁冠，身穿袍服。"门下小史"是负责在官衙内办理各种事务的地位低下的小史。他头戴介帻（帻顶呈屋顶状），身穿袍服，手持笏板，正跪在地上恭敬地迎奉主人。这些袍服的领、袖、下摆等边缘都有深素色布沿边。上层一排官吏袍服较长，神态谦恭，拱手，上身略前倾，腰间均佩剑，为典型汉代文官装扮。从残留颜色来看，"辟车伍佰"等人所戴的巾帻有红、黑、棕等色，但鞋履均为黑色（墨画）。如果对照河北营城子汉墓壁画上的衙役、小吏服饰来看，当时男性应都着袍服，而且袍服可以作为公服。一般文官、长者袍身及地，袍下只露出两个鞋头。而武职官兵多为直裾袍，袍身略短，齐膝袍下露有长裤。从数条横线来看，似有裹腿，脚蹬布履。这些袍服有一个共同的特点，就是领缘部分呈现出鸡心领式（实则大襟）。外衣内的衣服领子较高，呈圆领式。无论袖、下摆是否缘边，领子正中这部分连同颈后均有深色缘边。另外，还有一点需要注意的是，多数人都讲究蓄须髯，胡须式样各不相同，有的两边向上翘起；有的两撇向下，呈八字形；有的上唇须短，下颏处留一绺；还有的是络腮胡子。当然，后者多为武职。由此可见，这在汉代也是成年男子服饰形象的重要内容。

1972 年、1973 年，内蒙古博物馆等发掘了位于和林格尔新店子村西的一座东汉晚期墓。1978 年出版了《和林格尔汉墓壁画》一书。根据壁画内容及榜题文字看，墓主人曾被举为孝廉，再经任由郎而出任西河长史等官职，最后官至使持节护乌桓校尉。这座墓的壁画共有五十多组，总面积达百余平方米。其内容既有车骑出行图，又有所居住的离石城府舍图、土军城府舍图、繁阳宫寺图等。其中宁城图，生动地描绘了墓主在护乌桓校尉幕府中接见乌桓首领时的宏大场景。至于墓主人生活的画面，包括燕居、乐舞、宴饮、厨炊、农耕、采桑、放牧等，则表现得十分详细而且写实。

对于服饰研究来说，和林格尔汉墓壁画最有价值的一部分是墓中的乐舞百戏图。画幅左上方坐着一组人，神态悠然，面前摆着整盘的食品和水杯等，像是墓主人及其家属或宾客在观赏演出。右边一组是乐队。中间则表演着现代所说的杂技与歌舞节目，古称"乐舞百戏"。这里能看出的有载竿、倒立、跳丸、飞刀、舞轮及男女对舞等。其中多数杂技艺人上身赤裸，下着肥腿裤，而那些奏乐的艺人着袍。另外，杂技舞蹈艺人束发或仅裹巾帻，但演奏者则有人戴冠。由于绘画者着重使用白、黑、红三种颜色，因而画面色彩明快。只是壁画着重表现舞人的惊险动作和优美身姿，对服饰来说却未加细致刻画，但赤裸着上身的耍把戏艺人的服饰形象还是很有代表性的，这在画像砖和陶俑上也可以看到。

另外，在辽宁辽阳北郊的太子河两岸，20世纪初还发现了东汉末年和汉魏之际的石室壁画墓。墓中壁画绘有门卒、门犬、厨炊、宴饮及百戏乐舞和车骑出行的场景。其中在车骑出行图中，骑马者戴平巾帻或戴梁冠，着红衣；乘车者戴梁冠，着红袍或黑袍，领口处都显示出内衣的白领[49]。以上几座汉墓壁画中的人物形象，可以说是比较全面地显示出汉代服饰的整体风貌与时代风格。

3. 画像石、画像砖上的各种专用服饰

在汉代，特别是西汉晚期至东汉末，出现了大量以石刻画像为装饰的石结构或砖石混合结构的墓葬及以嵌入墓壁上的画像砖为装饰的墓葬。其墓主多为当地豪强或达官显贵。画像石和画像砖的题材主要为生产活动（耕作、放牧、射猎、纺织等）；墓主仕官经历（车骑出行、属吏、谒见、幕府等）；墓主生活（燕居、庖厨、宴饮、乐舞百戏、六博等）。另外，还有历史故事，多为宣扬忠孝节义或表现古代圣贤，再有便是神话故事或吉祥祝福之类的内容。

需要注意的是，画像砖的题材在与画像石大致相同的同时，表现出更接近民间生活的倾向，如在生产内容中，更多地出现农业、手工业和商业活动，如播种、收获、弋射、桑园、采莲、井盐生产、市集贸易、舂米、酿造等。在表现墓主人身份一类的题材中，除了车骑出行图之外，还有尊贤敬老、讲学授经等内容。在表现墓主人享乐生活一类题材中，则着重刻画了楼阙、宅院、粮仓等。另外，还有关于社会习俗的题材。这为我们研究当时不同阶层、不同场合的服饰风格提供了难得的形象资料[50]。

沂南画像石墓是迄今发现最为完整的画像石墓。它位于山东沂南城西的北寨村，1954年由当时的华东文物工作队和山东省文物管理委员会联合发掘。墓室内计有画像石四十二块，画像七十三幅，总面积达442平方米。其中前室四壁为历史人物，形象表现十分细腻，服饰亦大多刻画得细致入微。

由于沂南画像石上有祭祀场面，因此出现了描绘清晰的"冕冠"。冕冠在三代（夏、商、周）时，只为帝王、诸侯及卿大夫所戴，且有一套严格的制度。至汉初，周代以前的冕冠形制已经消失，祭祀多用长冠。东汉明帝时，特诏有司及儒学者参稽经籍，重新制定冕冠制度。该墓时代有东汉晚期说，从这一点上看是吻合的。另外，还有进贤冠，这是文吏、儒士所戴的一种礼冠。《后汉书·舆服志下》记载："进贤冠，古缁布冠也，文儒者之服也。……公侯三梁，中二千石以下至博士两梁，自博士以下至小吏私学弟子，皆一梁。宗室刘氏亦两梁冠，示加服也。"从画像石上看，戴冠者的身份基本与经籍记载相符。

画中仕者、儒生均着长袍，武士着短袍。为增强气势，有的武士动态极夸张，露出小臂，肥大的袖子在肘部张开呈甩动状，显得动中有静，静中有动。

汉代有佩绶制度，官员外出时必须将官印装在腰间的鞶囊里，然后将鞶囊的绶带垂在外边。因为印绶的尺寸、颜色和织法有严格的等级规定，佩绶者的身份一望便知。绶的佩挂方法，通常是将长二丈九尺九寸的黄赤绶（皇帝）至一丈二尺的青绀绶（百石）等打成回环，使其自然垂下。这在山东沂南汉墓出土的画像石上表现得比较具体。

沂南汉墓画像石上的杂技艺人赤裸上身，这一点与和林格尔汉墓壁画上的艺人一样。有所不同的是这里艺人下着短裤，裤原为胫衣，只遮覆双腿。而有裆的裤在古时称"裈"，短裤称"犊鼻裈"。《史记·司马相如传》记载："相如身自着犊鼻裈，与保庸杂作，涤器于市中。"沂南画像石上的多名艺人着短裤的形象，进一步证实了当年短裤的身份象征。

四川多处汉墓出土画像砖，区域集中在成都平原地区。1949 年以后，通过对成都、新繁、新都等地画像砖墓的发掘，了解到许多真实可信的反映汉代四川地区社会情况的形象资料，其中有不少是各阶层的服饰形象。

画像砖上人物服饰描绘很多，总起来看有两点需要注意。一是从男子衣服款式上可明显看出等级差别（尽管画像砖细部描绘不深入），如劳动者显然处于"短褐"状态。成都汉墓出土的东汉盐场画像砖中有许多盐工形象。这些人都头挽髻（总发），身穿短袍，露出膝和腿，腰束带。除此之外，成都附近出土的画像砖，如桑园图、酿酒图、春米图、渔猎收获图等，也在一定程度上反映了巴蜀底层劳动人民生产劳作时所穿的服饰。从那些简略的线条上，我们可以看到他们头梳髻，身穿交领或鸡心领式短袍，上衣袖子很短，有些或许是绾到肘上。多束带，也有的腰腹下显出两条裤腿，较短的仅到膝上或膝中，应该肯定是犊鼻裈。这种露出小臂和小腿的服式，是典型的劳动者服饰。

与此形成鲜明对比的是那些头戴进贤冠、身穿长袍的文吏、儒士与侍卫。四川成都东汉墓出土的画像砖上有戴进贤冠、着袍服跽坐的文吏形象。成都东乡青杠坡汉墓出土画像砖上有儒士传经讲学时的场景。画面共七人，一人传授，六人恭听，都穿着宽袍大袖。其中四人头上明显是巾帻上加戴进贤冠。最右面的一个文吏，腰间佩有一数寸长的饰件，名为"削"，也称"书刀"。书刀是文房中的工具。古代以竹简作文，遇有错漏就需要用书刀将其刮去。于是，腰悬书刀也成了文官、儒士服饰的一个特征。四川彭县出土的东汉画像砖上也有类似的文吏服饰形象[51]。

舞衣、舞鞋等在四川汉墓画像砖上亦屡有发现。彭县汉墓出土的东汉画像砖上有对舞画面，二舞女头梳分髾髻，身穿长袖袍服，婆娑起舞。有些画像砖上能看出其是在较长的袍袖里又接上一截很长的袖子，专为舞蹈烘托效果。四川曾家包汉墓出土画像砖上有清楚的舞鞋形象。这幅画像砖上也是一人在观看乐舞百戏，三人在吹奏乐器。画面右侧有一人弄丸，一人耍坛，一人徒手起舞，一人手持两条长飘带与之对舞。四名杂技歌舞的艺人均穿着无后帮的舞鞋（图二〇）。古人将此鞋称为跋鞋，西汉史游《急就篇》、元陶宗仪《辍耕录》中都曾提到。跋鞋，俗称"跣子"，跣是赤脚的意思。跋为拖鞋。在东汉及以

图二〇 四川成都出土汉乐舞百戏画像砖

前，这种趿鞋曾作为舞鞋，称为"蹑"或"屣"。《汉书·地理志》中记载："女子弹弦跕蹑，游媚富贵，遍诸侯之后宫。"若不是画像砖上留下这么确切的趿鞋形象，今人很难想像当时的舞人是如何穿着无后帮鞋起舞的[52]。

4．陶俑上的平民服与艺人服

不可否认，在形象表现方面，陶俑较之帛画、壁画、画像石与画像砖无疑是更为全面了。再者，陶俑主要是用来替代真人殉葬的，因而更多的是侍奉墓主人的仆人或艺人，当然还有兵士，如陕西咸阳杨家湾出土的穿铠甲的陶俑。除了成组的陶俑，如山东济南汉墓出土绘彩陶组俑中戴冠着袍的乐舞欣赏者

（贵族）以外，其他陶俑多处于待命、劳作或乐舞之中。

陕西临潼秦墓中出土有跽坐的穿窄袖袍服的秦陶女俑。陕西咸阳汉墓出土戴帽、穿曲裾袍的彩绘陶男俑，有各种姿势，均处于劳动过程中。陕西汉长安城遗址出土戴头巾、穿深衣的陶女俑。江苏徐州铜山汉墓和陕西西安红庆村汉墓均出土站立的着三重领深衣的陶女俑（有的加彩）。有的陶俑上的饰品细部刻画入微，如广州汉墓出土的陶舞女俑，头梳高髻，髻上插满珠翠花饰，是比较典型的东汉舞女头花式样。舞女俑身穿曳地长袍，衣襟左掩，即异于中原汉人右掩襟的左衽，甚至以陶土塑出水袖（亦称假袖）"长袖善舞"的效果。这种舞台装被传承在后代戏剧和舞蹈艺术表演中。

纵观汉墓出土陶俑，包括河北邯郸彭家寨出土彩绘陶俑、四川彭山出土陶俑、重庆出土陶俑、内蒙古包头孟家梁出土黄釉陶俑等，汉代平民百姓的服饰可谓尽收眼底。这些俑人或戴小帽，或束髻包巾，或戴斗笠，基本上穿着交领短袍，袍长至膝，衣领窄小，有穿鞋者，亦有赤足者。可以这样说，陶俑在记载服饰的同时，还记录下当年的社会风俗，这在出土陶俑的区域风格上明显表现出来。四川省博物馆陈列有汉墓出土的大大小小的说唱俑，有的还置于陶楼中。其中成都天回山出土的说唱俑（亦称说书俑），高55厘米，是说唱俑中最为生动的。他头戴平巾帻，上身赤裸，臂戴钏饰，下着长裤，赤脚，踞坐在一土台上，一边击鼓，一边似乎在说唱着引人入胜的故事。与生动的神态相比，其衣饰描绘显得过于简单。不过，朴实无华，也许正是当年艺人服饰装束的特有风采[53]。

5. 铜俑、木俑上的侍者服与少数民族服饰

众所周知的长信宫灯，出土于河北满城1号汉墓。灯座造

图二一　河北满城出土汉长信宫灯

型是一个优美的跽坐执灯人形。执灯者是一位娴淑少女，穿着三重领的深衣，领子上一层一层地显露出递进的层次，肥大的袖子更显得优雅端庄（图二一）。而以往发现的汉代人物形象，深衣均为紧缩的袖口。

　　具有独特服饰风格的汉代铜俑，出土于云南晋宁石寨山。

这是距滇池不远处的一滇人墓地。1955年至1960年，云南省博物馆先后四次发掘。1996年，云南省文物考古研究所、昆明市文物管理委员会、晋宁县文物管理所又联合进行一次抢救性发掘。几次发掘都取得了丰硕的成果。就服饰考古而言，这里出土了大量古代西南少数民族的形象资料（图二二、二三）。

　　云南是我国少数民族聚居最多的省份，有些地区杂居着二十多个少数民族。其中佤族、景颇族、纳西族、德昂族、傣族、白族、阿昌族、拉祜族、布朗族等，都是久居西南的古老民族。他们的祖先酷爱歌舞，其服饰偏好羽毛、绒球、铜环、铜（或银）盘（或泡）、手钏、脚铃等。石寨山出土铜俑或铜饰件上的人物服饰形象，向我们展示了这些少数民族的服饰传统。有一点需要提及的是，在中原大部分地区已经进入封建社

图二二　云南晋宁出土汉鎏金获俘铜扣饰

图二三　云南晋宁出土汉鎏金双人盘舞铜扣饰

会后，滇池一带实际上还处于奴隶社会时期，这就需要我们客观地去分析该墓区出土遗物上的服饰形象。

贮贝器盖上有顶物、抬舆和前行的奴隶们，男性在头顶梳髻，女性在脑后梳髻，服装则大多是竖条纹的上衣，衣长齐膝，双腿赤裸。只有舆夫和少数人穿着较长的袍子，腰间束带。另有一人披着条纹毯。这种条纹衣在今日傈僳族人常穿的蓝细条衣服上尚可找到踪影，而披毯则可直接追寻到今日独龙人仍然视为传统的独龙毯（条纹）。

石寨山出土一铜质鎏金饰件，上为四舞人。舞人的尖顶头冠高度相当于三个头高，冠上有立体球状物，冠体遍饰花纹。四人上衣为短袖衫，腰系齐膝的百褶短裙。每人前胸至腰腹部都佩有一圆形饰件。而球状饰、银泡饰、短袖衫和百褶短裙，几乎就是今日景颇族服饰组合中不可缺少的部分。

另外，还有一执伞女铜俑，耳垂上戴多圈耳环，左手腕部有钏饰。她采取跪姿，似汉人踞坐，衣着对襟，不是中原的深

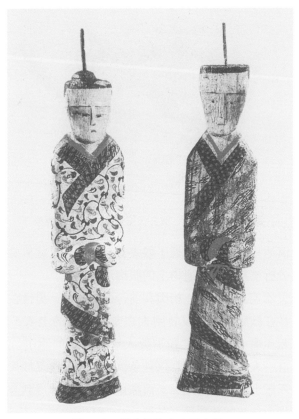

图二四　湖南长沙出土汉木俑

衣和袍，而且袖子不太肥阔。有专家认为，其"衣着亦汉
式"[54]。她上衣衣长仅及膝间，跪坐时基本及地，应与前述滇
人妇女穿着的半大长衫衣式相同，而且对襟也不是正规的汉装
式样，对襟里有圆领，这些仍是西南部族的服饰特点。

　　石寨山出土的鎏金乐舞铜扣饰、鎏金获俘铜扣饰及鎏金双
人盘舞铜扣饰、滇人骑士铜扣饰上的人物服饰都有鲜明的特

色，与汉族服饰明显不同。被俘武士则戴兜鍪，穿着盆领铠甲，铠面上有方格花纹。东汉末年，孔融在《肉刑论》中写道："古圣作犀兕铠，今有盆领铁铠，绝圣人其远矣"。由此看来，滇人与汉人的铠式发展是同步的。而双人盘舞铜扣饰上身着紧身短衣（长袖）长裤，同时腰间佩剑的形象则在汉人中极为罕见。至于头上缠着包头的骑马滇人，更与今彝族等西南少数民族的缠头样式一致。

汉墓出土不少木俑，最突出的见于长沙马王堆汉墓。该墓出土的木俑分别为彩绘木俑和着衣木俑。前者为木雕彩绘，绕襟深衣上所绘的花纹酷似墓中出土的织绣品，衣缘都有宽宽的带图案的花边。头顶长冠或许是因为木雕的局限性，只呈现为一根木棍（图二四）。而后者则雕出扁长的向后伸出的冠，俑身附着真丝绵制作的深衣。

汉代正处于封建社会的上升时期，一切事物都呈现出勃勃生机。尤其是"丝绸之路"的开通，不仅促进了中原与各民族的文化交流，而且也扩大了汉王朝的影响。考古是获取服饰等遗物的最科学的手段，考古成果是其他资料所不能替代的。而汉代的厚葬风气，更为今日的服饰研究工作留下了大量珍贵的实物资料。

注　释

［1］中国社科院考古研究所《20 世纪中国考古大发现》，四川大学出版社 2000 年版。

［2］（日）林巳奈夫《中国殷周时代之武器》，京都大学人文科学研究所 1972 年版。

［3］山东省昌潍地区文物管理委员会《胶县西庵遗址试掘简报》，《文物》1977

年第 4 期。

[4]《中国美术全集·青铜器》(上)，文物出版社 1985 年版。

[5] 湖南省博物馆《长沙浏城桥一号墓》，《考古学报》1972 年第 1 期。

[6] 湖北省博物馆、随县博物馆、中国社会科学院考古研究所技术室《湖北随县擂鼓墩一号墓皮甲胄的清理和复原》，《考古》1979 年第 6 期。

[7] 云南省博物馆《云南江川李家山古墓发掘报告》，《考古学报》1975 年第 2 期。

[8] 湖北省博物馆《江陵天星观一号楚墓》，《考古学报》1982 年第 1 期。

[9] 河北省文物管理处《河北易县燕下都 44 号墓发掘简报》1975 年第 4 期。

[10] 始皇陵秦俑考古发掘队《临潼县秦俑坑试掘第一号简报》，《文物》1975 年第 11 期；《秦始皇陵东侧第二号兵马俑坑钻探试掘简报》，《文物》1978 年第 5 期；《秦始皇陵东侧第三号兵马俑坑清理简报》，《文物》1979 年第 12 期。

[11] 刘永华《中国古代军戎服饰》，上海古籍出版社 1995 年版。

[12] 中国社科院考古研究所洛阳发掘队《洛阳西郊汉墓发掘报告》，《考古学报》1963 年第 2 期。

[13] 内蒙古自治区文物工作队《呼和浩特二十家子古城出土的西汉铁甲》，《考古》1975 年第 4 期。

[14] 中国社科院考古研究所满城发掘队《满城汉墓发掘纪要》，《考古》1972 年第 1 期。

[15] 中国社科院考古研究所技术室《西汉齐王铁甲胄的复原》，《考古》1987 年第 11 期。

[16] 中国社科院考古研究所技术室、广州市文物管理委员会《广州西汉南越王墓出土铁铠甲的复原》，《考古》1987 年第 9 期。

[17] 陕西省文物管理委员会、咸阳市博物馆《陕西省咸阳市杨家湾出土大批西汉彩绘陶俑》，《文物》1966 年第 3 期。

[18] 沈从文《论染缬》，《文物》1958 年第 9 期。

[19] 华梅、要彬《新编中国工艺美术史》，天津人民美术出版社 1999 年版。

[20] 张宏源《长沙汉墓织绣品的提花和印花》。

[21] 同 [1]。

[22]《新中国考古五十年》，文物出版社 1999 年版。

[23] 同 [22]。

[24]《丝路游》第 2 期，新疆人民出版社 1986 年版。

[25]《斯坦因西域考古记》，中华书局、上海书店 1987 年版。

[26] 卢兆荫《再论西汉的玉衣》，《文物》1989 年第 10 期。

[27] 河北省博物馆、文物管理处等《定县 40 号汉墓出土的金缕玉衣》,《文物》1976 年第 7 期。

[28] 同［27］。

[29] 魏鸣《鳞片式玉衣》,《文物天地》1987 年第 2 期。

[30] 杨伯达《关于我国古玻璃史研究的几个问题》,《文物》1979 年第 5 期。

[31] 周长源、张福康《对扬州宝女墩出土汉代玻璃衣片的研究》,《文物》1991 年第 10 期。

[32] 广西壮族自治区文物工作队《广西西林县普驮铜鼓墓葬》,《文物》1978 年第 9 期。

[33]《辽宁喀左南洞沟石椁墓》,《考古》1977 年第 6 期。

[34] 王仁湘《古代带钩用途考实》,《文物》1982 年第 10 期。

[35] 同［22］。

[36] 华梅《中国服装史》(修订本),天津人民美术出版社 1999 年版。

[37] 王仲殊《洛阳烧沟附近的战国墓葬》,《考古学报》第 8 册。

[38] 同［34］。

[39]《洛阳烧沟汉墓》,科学出版社 1959 年版;《旅顺市三涧区墓葬清理简报》,《考古通讯》1957 年第 3 期;《山西浑源毕村西汉木椁墓》,《文物》1980 年第 6 期;《四川西昌礼州发现的汉墓》,《考古》1980 年第 5 期。

[40] 内蒙古文物工作队《毛庆沟墓地》,文物出版社 1986 年版;内蒙古文物工作队《鄂尔多斯青铜器》,文物出版社 1986 年版。

[41] 伊克昭盟文物工作站、内蒙古文物工作队《西沟畔匈奴墓》,《文物》1980 年第 7 期。

[42] 田广金、郭素新《内蒙古阿鲁柴登发现的匈奴遗物》,《考古》1980 年第 4 期。

[43] 长沙市文化局文物组《长沙咸家湖西汉曹𡢃墓》,《文物》1979 年第 3 期。

[44]《西汉南越王墓》(上)。

[45] 孙机《先秦、汉、晋腰带用金银带扣》,《文物》1994 年第 1 期。

[46] 黄晓芬、梁晓青《甘肃省华池县发现透雕金带饰》,《文物》1985 年第 5 期。

[47] 乌恩《中国北方青铜透雕带饰》,《考古学报》1983 年第 1 期。

[48] 孙守道《匈奴西岔沟文化古墓群的发现》,《文物》1960 年第 8、9 期合刊。

[49] 以上各壁画墓考古资料,参见《中国大百科全书·考古学》,中国大百科全书出版社 1986 年版。

[50] 中国社会科学院考古研究所《新中国的考古发现和研究》,文物出版社 1984 年版;刘志远《四川汉代画像砖艺术》,中国古典艺术出版社 1958 年版。

［51］以上各画像石、画像砖墓考古资料，参见《中国大百科全书·考古学》，中国
　　　大百科全书出版社 1986 年版；上海戏曲学校中国服装史研究组编著《中国
　　　历代服饰》，学林出版社 1984 年版。

［52］《华梅谈服饰文化》，天津人民美术出版社 2000 年版。

［53］王家斌《华夏五千年艺术·雕塑集》，杨柳青画社 1993 年版。

［54］沈从文《中国古代服饰研究》（增订本），上海书店出版社 1997 年版。

四

魏晋通脱

　　无论从当年真实的社会状态来看，还是从史书纷繁的朝代来看，魏晋南北朝都是一个非常复杂的时期。军事割据与政权的更替，使这一时期的政局动荡混乱。当然，任何事物都有正反两个方面，反映在这一时期的服饰上，就表现出因民族迁徙而形成的融合与再发展。而佛教人物的服饰形象也在以儒道思想为基础而形成的风格上，又掺入了新的成分。

　　对魏晋南北朝时期的服饰考古，既要注重墓葬中出土的织绣服饰及壁画、拼镶砖画、漆画、陶俑上的服饰形象，也要注意这一时期宗教艺术中的人物服饰风格。二者共同反映出这一动荡时期独具特色的服饰文化。

（一）墓葬出土的服饰及丝织品

　　从汉到唐绵延五百年、跨越欧亚大陆的"丝绸之路"上，留下了大量珍贵的服饰实物资料。魏晋南北朝时期的织绣服饰及面料，屡屡在甘肃、新疆等地出土。

　　1959 年，在新疆于田的屋于来克城内，发现了北朝的丝织物和毛、棉织物。于田，汉时名扜弥，三国以后属于阗（今新疆和田）管辖。北魏神龟二年（公元 519 年），比丘惠生路过这里时，曾看见一座佛寺中"悬彩幡盖，亦有万计"[1]，可见当年这一带仅佛教寺院使用的丝织物品类就相当可观。此次在屋于来克古城内发现的绞缬绢，在红地上显出一行行白点花纹，与吐鲁番西凉墓葬中出土的同类染品极为相似，其时代应该是很接近的。同处还出土了北朝时期的蜡缬毛织物和棉织物。棉织物也是我国西北地区的传统织物，而毛、棉织物施蜡染，这是现知较早的几件实物。一件织出方格纹饰的驼色毛织物和一件紫红色毛织物，组织都极细密，应是当时此地毛织物的代表作品。

巴楚位于温宿、疏勒、莎车之间，对于"丝绸之路"来说，它既当北路的要冲，又是联系南北两路的重要地点。1959年，在巴楚西南脱库孜萨来古城的相当于北朝时期的遗址中，发现一件织花毛毯。这件毛毯的花纹是使用后来缂丝的技法，即通经断纬的方法织出来的。它不仅显示了当时我国西南地区毛织物技艺已达到的水平，而且也为我国缂丝工艺史的研究，提供了值得重视的实物资料。

汉时，吐鲁番为车师前王庭、戊己校尉治所。东晋初，前凉张氏据河西，在这里置高昌郡，交通西域。此后历后凉、西凉、北凉、高昌至初唐，人口不断增加，生产得到发展，"丝绸之路"的繁荣也逐渐北移。

1964年，吐鲁番东南高昌古城北阿斯塔那发现一座约前凉末年的墓葬，出土一双有"富且昌宜侯王夫延命长"铭的织成履。履用褐红、白、黑、蓝、黄、土黄、金黄、绿八色丝线编织而成，出土时色泽鲜艳。这是汉晋文献中所记"丝履"的实物发现。

1967年，在阿斯塔那的另一座墓葬中出土了两种绞缬绢，绢的质地、绞缬方法、纹饰都与1963年发现的西凉建初四年（公元408年）墓所出的绞缬绢相似。它们均为现存最早的绞纈。和这两种绞纈绢同出的还有蜡纈绢。在丝织物上施蜡染，这也是现知的最早实物。

"在阿斯塔那相当于北朝时期的墓葬中，陆续发现极为精致的平纹经锦，有用赭、宝蓝、黄、绿、白五色丝线织出的夔纹锦，有用绛、宝蓝、绿、淡黄、白五色线丝织出的树纹锦，有用褐、绿、白、黄、蓝五色丝线织出的方格兽纹锦。这几类锦与武威东汉针黹箧上使用的薄锦相近，但用色更为复杂，提花准确，锦面细密，质地更薄，牢度也大为提高"。同时期墓中还发现了不少精致的经斜纹绮，纹饰既较汉绮复杂，质地又更加薄细。这些发现清楚地反映了我国传统的丝织技艺在此阶段有了新的进展。更值得注意的是，"这一时期丝织物中还出现了中亚、西亚流行的纹样和在纬线上起花的新工艺。上述方格兽纹锦与高昌章和十一年（公元541年）文书同出的化生纹锦、高昌重光元年（公元620年）文书同出的天王化生纹锦，皆织出了狮、象形象和佛教艺术中的化生、莲花等中亚、西亚地区常见的花纹。与高昌延昌三十六年（公元596年）及义和四年（公元617年）两衣物疏同出的联珠对孔雀贵字纹锦和套环对鸟纹绮，还有时代略晚的与高昌延寿十六年（公元639年）和唐总章元年（公元668年）两墓志同出的联珠对鸟对狮同字纹锦，更直接采用了波斯萨珊王朝的图案。与上述同字纹锦同出的联珠对鸭纹锦及与义和六年（公元619年）文书同出的联珠兽头锦，不仅纹样带有波斯风格，而且连织花技法也改用了我国西北少数民族所惯用的斜纹纬线起花"[2]。

新疆博物馆考古队于1959年10月至1960年11月，先后在民丰尼雅遗址古墓葬区、吐鲁番阿斯塔那村北古墓葬区进行了几次清理发掘，出土的随葬品中有大批丝织物，其中多数可以肯定为服装面料。虽然完整的成品很少，但由于有利的自然条件，其中大部分丝织物出土时仍然色泽如新，光彩照人，成为研究我国北朝时期服饰品的珍贵标本。

从实物来看，丝织品上的图案单位有的呈直行排列，作横幅相间的祥瑞兽。这类织锦只出土三件，有瑞兽锦、狮纹锦、兽纹锦。根据以往出土物分析，瑞兽一般常见于汉锦，至南北朝时只是在石刻中有类似的形象。但此处出土的北朝织锦图案内容和布局与汉锦相似，动物形态或立或卧，比起汉锦来，较为稳定。图案单位的色彩也比汉锦简单，多为二至三色。这类图案的织锦出土数量不多，时代也较早，因此可以看作是汉锦风格的延续。从公元 6 世纪中叶起，其逐渐消失，代之而起则是散装遍地、散点连续或植物图案。这类织锦共出十七件，其中有由若干散点组成的遍地菱形网格、内有图案化的以忍冬为花蕊的纹样，有斜方格内填卷叶纹，有几何形散点组成的小团花、瑞花，有龟背、彩条、棋局等纹样。图案布局均衡对称。在敦煌壁画中北朝至唐代的人物服饰和建筑彩绘上，也常常可以见到此类图案装饰。出现此类花纹织锦的墓葬，年代最早的为公元 541 年，即东魏兴和三年。另外，还有一种为珠圈内有动物的图案，共出十一种，其中一种是在直径约 10 厘米的小珠圈内有相对成双的祥瑞鸟兽，如龙马、鹿、鸳鸯等；另一种是在直径 22～26 厘米的大珠圈内有衔绶的鸾鸟、鹿、骑士等。相邻的珠圈常以散点组成同心圆的团花相连接。每四个珠圈中间的空隙，以花叶四向的植物图案为装饰。出土此类花纹织锦的墓葬，年代最早的是高昌义和六年（公元 619 年）。

从织纹和显花来看，这一时期的织纹主要分两种。一种是两层或三层经丝夹纬的经畦纹，每平方厘米经丝为 54～56 根，明纬、夹纬各 28～30 根。织纹与汉锦相同，只是颜色一般比汉锦简单，经丝较汉锦致密。但也有比较粗疏的，如棋局锦和彩条锦，每平方厘米经丝为 13～16 根，明、夹纬各 15～16 根。这种织纹的锦共出十五种。畦纹锦一般多发现于公元 6 世纪以前的墓葬中，以后较少见。另一种是两至三层经丝，提二根、压一根夹纬的经斜纹织物，每平方厘米经丝 23～40 根，明、夹纬各 13～19 根。这类织纹的锦发现于高昌义和六年以后的墓葬中。在属于义和六年以前的墓葬中，则未发现这种双经斜纹织锦。这两种织纹不同的锦，在显花方法上都是"经丝彩色显花"，与汉锦显花方法相同[3]。

1995 年，中日尼雅学术考察队在新疆民丰尼雅遗址发现了一处墓地，随即进行了抢救性发掘。墓中出土大量服饰品，包括尸体穿着和在棺中置放的。墓葬的具体年代可以定为东汉末至魏晋前凉时期。有专家认为，更准确一点说，属于魏晋前凉时期[4]。

其中一座墓中的男主人穿锦缘毛长袍，右衽，腰扎宽彩织带，衣领及袍襟边缘用绛红色地"文大"锦、"延年益寿长葆子孙"锦、"宜子孙"锦及"安乐绣"锦缝缀。右前襟长 101、袖长 100 厘米，衬里用浅蓝色绢。裤腿底边以 17 厘米长的蓝色地"延年益寿长葆子孙"锦为缘。内衣为白绢套头长衫，袖口以红绢为缘。贴身右胸前用皮条穿系一蜻蜓眼料珠，圆形，直径约 2.1 厘米。裤由两种不同的织物相拼缝制而成，裤身主要面料为白色的棉织物，平纹组织。头枕长方形绛红地"安乐如意长寿无极"锦枕。女主人头戴风帽，面部及上身覆绢质面衣，"着红绢长袍，右衽。袍长 120 厘米，襟边黄绢缘，白绢为里，袍下摆有 8.5 厘米宽百褶式边饰。袍内为棉套头长裙，长约 130 厘米，胸前缝缀红、蓝绢缝合的方形装饰物，翻领。贴身为黄绢套头长袍，袖口以蓝绢为缘。双手戴绀地织锦手套，足穿黑面勾花皮鞋，鞋带自鞋底至面系结，勾花已朽蚀殆尽"。其颈部佩料珠项链，因穿线朽断已散落，其中有四颗蜻蜓眼料珠。头枕"千秋万岁宜子孙"锦枕。墓内还出土有带扣、料珠及珊瑚等装饰品，以项饰或头饰形式出现。或是头部周围所出土的串饰，以细毛线穿系。或是能分辨清楚的耳饰及项饰、粟米状串珠等及小方形褕石和红心形坠饰。帽饰则有联珠状白色料珠缀饰，其中较为罕见的是蜻蜓眼式料珠，有白珠蓝眼、湖蓝色珠蓝眼、黑珠黄眼等，直径 0.8～1.2 厘米。另外，还清理出一件珊瑚饰件，橙黄色，上有穿孔。

除了以上墓主人穿戴的服饰品外，另有数件以整皮裁剪、用红色毛线缝制而成的皮囊。另有一皮指环，应是顶针之类。惊世之作"五星出东方利中国"锦质护膊就出土于此墓。护膊为长方形，白色绢缘，并缝缀六条白绢系带。长 18.5、宽 12.5、系带长 21 厘米，部分系带残断。护膊面锦为"五星出东方利中国"文字织锦，有的部分破裂。其以宝蓝、草绿、绛红、明黄和白色等五组色经根据纹样分别显花，织出星、云纹及孔雀、仙鹤、辟邪、虎等祥瑞禽兽纹样。每组花纹循环为 7.4 厘米。上下每两组循环花纹之间织出"五星出东方利中国"八个字。衬里为两块黄绢拼缝而成，白色绢缘系用一通幅的绢条镶边。

另外，还出土锦袋、帛鱼各一件。虎斑纹锦袋，毡里，锦面，口沿镶缝宽 1.3 厘米的咖啡色绢边，并缝制有长 30、宽 1.3 厘米的赭色绢提带。袋身长 12.5、宽 10 厘米，边缘缝缀红、白、绿、棕色绢条及锦条，内置铜镜、胭脂粉包、线团、绢卷、缠绕多色彩线的线轴、皮顶针等。所用织物是由三组经线与一组纬线构成的三重平纹型经锦，图案由棕、藏蓝和白色三种颜色的色经分别显花，呈虎斑纹。锦袋出土时，与蓝地兔纹锦帛鱼系在一起。帛鱼由蓝地兔纹锦缝缀成鱼形身，内衬毡，以蓝、红绢片制成鳍和尾，嘴部缝缀一条长 38、宽 0.9 厘米的白绢系带，另一端与锦袋连结。面料为四组经线与一组纬线构成的四重平纹经锦。其中甲经为藏蓝色，在间隔不等的距离间镶嵌一根浅棕色的经线，使织物地色显现两种色彩效果，较之一般织锦风格颇为独特。而乙经为绛红，丙经为草绿，丁经为白色，根据纹样要求分别显花，图案为兔纹。

栉袋有两件。其中一件以圆角长方形材料对折而成，内缝两个栉囊袋，以藏蓝色斜纹麻布为面，镶 1 厘米宽的红绢缘，并以两条交叉绢条为饰。里衬为豆绿色毛织物，囊袋吻合相对，袋口分别以红绿绢为缘。一袋内有木篦一件，另一袋内置香囊、各色（褐、白、黄、湖蓝）绢片（条）及皮革条、紫色纱等。梳篦袋两端有绢条为系带。另一件用蓝地平纹经锦及素薄毡作面，绿绢镶缘，以 1.8 厘米宽的白绢条为系带，内缝一小袋，分置木质梳、篦各一件。在蓝地云纹间织出回首翘尾的猛虎、骑马的武士及变体茱萸纹。武士戴红色双耳帽，身穿交领上衣，下着长靴。栉袋镶边及背面所用织物皆为平纹毛织物，呈玫瑰红色。

锦帽为锦面绢里，帽缘镶宽 5 厘米的薄熟皮革，后缀两条湖蓝色绢系带。帽沿周长 60、深 24 厘米。面锦为两块四组经线和一组纬线构成的四重平纹型经锦，图案为乳白地上显淡黄、绛红、藏蓝、翠绿四色经花，其中藏蓝和翠绿交替排列显花，外观鲜艳且用色独特，可见云气、茱萸和人形纹样，在已出土的汉代锦类织物中较为罕见。两块织锦组织结构相同，仅在题材及文字上略有差异，见有"德"、"安"、"内"、"生"、"宜"、"子"、"君"等字。

黄绢袍衣长130、两袖通长200厘米，由单层黄绢缝制而成，套头式，直领，窄袖，两侧下摆开衩，领侧两端各缝有两条天青色系带。领口、袖缘及下摆开衩处镶天青色绢。

"讨南羌"锦为一左右对折成条形的物品。所用面锦，内衬绢里，一侧用线缝合，线已脱失，展开后呈小裤状。织锦为五重平纹经锦，宝蓝、绛红、草绿、明黄、白色五组色依花纹纹样分别显花，组织结构与"五星出东方利中国"锦相同，题材、图案及风格亦极为相似，纹样有星纹、云气纹、羽人纹。由"羌"字左侧的羽人纹样的羽翼纹可知，这块锦图案纹样呈纬向左右对称设计，上下每两组循环花纹间织出"讨南羌"等字。

另外，还发现棉布方巾，一角缝隙有5厘米宽的天蓝色绢带环扣。

值得重视的是，这一时期质量最稳定、织制水平最高的蜀锦，在"丝绸之路"上也有所发现。如新疆吐鲁番阿斯塔那—哈拉和卓古墓群中就先后出土了纪年明确的南北朝蜀锦。

三国时期，诸葛亮曾在奏折中写道："今民贫国虚，决敌之资，惟仰锦耳。"左思在《蜀都赋》中记当年成都"市廛所会，万商之渊。列遂百重，罗肆巨千。贿货山积，纤丽星繁。……阛阓之里，伎巧之家，百室离房，机杼相和。贝锦斐成，濯色江波"。由此可见，当年蜀都纺织业的繁荣景象。至于蜀锦之美，唐代诗人刘禹锡云："濯锦江边两岸花，春风吹浪正淘沙。女郎剪下鸳鸯锦，将向中流定晚霞。"

　　通过考古发掘，使我们得以见到了真正的蜀锦。其中包括
藏青地禽兽纹锦。它出土于北凉承平十三年（北魏太安元年，
刘宋孝建二年，公元455年）墓葬。"织物以藏青、缥青、大
红、退红、大白等五色显现花纹。纹样以藏青色为地，其余各
色分区排列。每组织点表底经三色共三根，依图案纹为地上浮
一，下沉二。纹样是以不同姿态的祥禽瑞兽为主体，以不同变
化沿横向（纬向）排列，依经向垂直循环。由于纹样作倒正循
环，同一动物形象呈足背相对。从风格看，经显花的色彩还保
存着底色凝重深沉的汉锦特色，但从纹样看已出现了时代上的
变化，可视为具有这一时期特点的典型织物。由于织造工艺的
缺陷，织物有疵点，而且纬度极不均匀，以致纹样单位循环纬
数虽然相同，花纹却有变形现象"。另外，还有树纹锦。它出
土于高昌章和十三年（公元543年）墓葬。这块锦原为覆面。
以绛、蓝、黄、白、绿五色经显花，绛色为地，其余分区循环
排列，每一彩区二色。纹样为带状根梢横立的树纹，横向作菱
形交错对空排列，沿经向倒正循环。从实物看，织锦的表、底
经均为单一色，所以纹样表里一致，即表花色为里地色，里花
色为表地色。这种纹样的织物在吐鲁番阿斯塔那墓中出土很
多。而盘球狮象锦则出土于高昌建昌四年（公元558年）墓
葬。这块锦仅残存两组纹样的局部，但色彩仍很鲜丽。织物为
绛、蓝、绿、黄、白五彩，以白色为地，其余四色分区排列，
每区三角依纹地互分上下浮沉，经线显花，有幅边。"从残存
两组纹样看，花纹图案主体之一是在小卷云盘球内填倒正相对
（足对足、背对背）的立象，并有手持驯象钩的象奴立于前；
主体之二是在盘球内填以倒正相对的卧狮，狮张口吐舌，尾部
翘起，尾梢前曲向上。每四则盘球中间空处填四向伸展的四叶

纹。纹样为二方连续，沿经向作倒正循环，循环单位恰为纹样的一半"。

盘球"胡王"锦与盘球狮象锦同出一墓，原为覆面，也可能与上件属于同一张锦的不同部位。其色彩分区、装饰方法与上件完全相同。残存纹样仍为两组，其中一组盘球内亦为相对卧狮，造型及纹样循环方式亦同上件；另一组则于盘球内填倒正骆驼与牵驼人，并有汉文倒正"胡王"字样。因此，过去曾称为"牵驼纹'胡王'字锦"。球路孔雀锦与前两种锦同出一墓。"原件残存图案一组，为橙、蓝、白三色，以橙（原当为真红）为地，显蓝色球体，沿球体边缘以小白球列一周，形成球路（也称联珠）纹。球体内于中轴两侧显相对横立的橙色孔雀。孔雀足底与顶端均有忍冬纹装饰。球体两侧各以有翼对马和回首双鹿为饰。从残存纹样看，也是二方连续纹样"。夔纹锦出土于高昌延昌七年（公元 567 年）墓。经线有宝蓝、明黄、大红、粉绿、缥青、大白六色。其以宝蓝为地，大白为边，黄、绿、青、红作不规则分区排列显现花纹。全幅花纹为若干组首尾相连的大夔形，空隙处则填二角兽和四个小菱形花纹。对鸡对羊灯树锦出土于高昌晚期墓葬，明显带有南北朝后期特征。原件残长 24、宽 21 厘米。有幅边。"经丝为墨绿、白、红、黄四色，以墨绿为地，大白为纹样边缘，红、黄二色分区相间排列。第一区为红色伏卧大角双羊。第二区为黄色大型灯树，树的干、梢分属左右相邻的色区，呈红色，树干形如台座，枝叶呈塔形。六只灯分三层作塔式排列，每只灯都有白色光芒。两树间上部空隙处填两鸡，尾部相对向树而立，鸡颈以上亦属红色区。第三区仍为红色区，作背对花树而立的双鸡，纹样为横式。从残存的这半幅纹样看，另半幅的纹样与此完全相同，是树梢对树梢的均齐式一次循环，即整幅是两大组对立的相同纹样"[5]。

除以上一些服装及其面料的重要发现外，在阿斯塔那306号墓中，还出土了麻布小裤和麻布小外套；在于田出土过一块纺染印花的蓝印花斜褐；在吐鲁番高昌时期墓葬中，出土了丝棉混织的锦和白棉布；在新疆出土的鸟龙卷草纹刺绣和葡萄禽鸟纹刺绣等，则都是六朝时期的刺绣精品。另外，在吐鲁番阿斯塔那发现的高昌和平元年（公元551年）的契约中，还有一段借"叠布"（棉布）六十匹的记载[6]。

通过这些考古发掘，证实魏晋南北朝时期的服饰及其服装面料，在汉唐之间起着承前启后的作用。

（二）北方墓葬出土的鲜卑风格饰物

辽宁北票南八家乡四家板村喇嘛洞西300米的山坡上，有一处十六国时期慕容鲜卑的遗迹。从20世纪60年代起进行发掘，陆续发现一些重要遗物。1993年至1997年，辽宁省文物考古研究所先后四次在这里发掘，至今已发掘六十六座墓葬。鲜卑族是魏晋时期我国北方的少数民族，曹魏初年入居辽西大凌河流域。公元4至5世纪，先后在朝阳地区建立了前燕、后燕、北燕三个地方政权。

在北票三燕墓地寻找鲜卑服饰的踪迹，使我们领略到民族服饰文化醇厚的韵味。这里出土的金牌饰、金步摇冠饰、金钗等，都具有十分鲜明的北方民族特色。特别是金步摇冠饰，为今日研究步摇冠和步摇钗提供了难得的实物依据。

1957年，辽宁北票市房身村2号前燕墓曾出土金步摇冠

图二五 辽宁北票出土十六国时期花树状金饰

两件，一小一大。小的高 14.5 厘米，大的高 28 厘米，基座都是透雕的金博山。小的基座上伸出十二根枝条，大的伸出十六根，金枝上系金叶。出土时已脱失不全，小的尚存金叶二十七片，大的有三十余片[7]（图二五）。此类步摇冠在后来又有发现，与这里出土的金步摇十分相似，都是在金博山上起金枝。有的上有十根金枝条，每枝梢头垂一金叶，共十片鸡心形金叶[8]。还有的金博山上金枝螺旋形呈缠绕状直接向上，中间形成向两侧横伸的枝条，分成两层，主干顶端有五个分叉。这样的金枝枝条横出后再分叉，共垂缀四十余片金叶，显得富丽堂皇[9]。与此形类似的在内蒙古乌兰察布盟达茂旗西河子北朝墓也出土过两套，共四件。通高 18.5～19.5 厘米。其中一套为马面形，另外一套为牛面形，均镶嵌有各色料石。它们都是从基座上伸出分叉的枝条，看起来很像是鹿角，与其底部的动物面形非常协调。枝上也垂系有金叶，状为牛面的各十四片，马面的原各有十片，后各缺失一片，成九片[10]。

　　另外，北票西官营子北燕冯素弗墓中也出土金冠饰一件。它是在两条弯成弧形的窄金片的十字相交处，固定扁球形叠加仰钵形的基座，座上伸出六根枝条，每根枝条上以金环系三片金叶。冠饰通高约 26 厘米，枝形步摇高约 9 厘米[11]（图二六）。这一件虽然与前述几件的基座不完全相同，但枝条上以金丝环悬垂金叶的做法是一致的。它使得戴冠者在走动时，会产生"步则动摇"的效果。

　　中国古籍中有关步摇的记载不少。《后汉书·舆服志下》记载："皇后谒庙……假髻、步摇、簪珥。步摇以黄金为山题，贯白珠为桂枝相缪，一爵九华，熊、虎、赤罴、天鹿、辟邪、南山丰大特六兽，《诗》所谓'副笄六珈'者。诸爵兽皆以翡翠为毛羽，金题，白珠珰，绕以翡翠为华云。"其中一爵九华，在《北堂书钞》及《太平御览》中引作"八爵九华"。有人认为，"从这里的描写看，步摇应是在金博山状的基座上安装缭绕的桂枝，枝上串有白珠，并饰以鸟雀和花朵。至于熊、虎等六兽如何安排，《志》文未说清楚。推测其可能性约有两种：一种是在六兽中间装 5 簇桂枝；另一种方式则以每二兽为一组，当中各装一簇，共装 3 簇桂枝。但无论装多少簇，既然枝

图二六 辽宁北票出土十六国时期金冠饰

上缀有花朵，则还应配有叶子，花或叶子大概能够摇动"[12]。

汉刘熙《释名·释首饰》中记："步摇上有垂珠，步则动摇也。"有人撰文说，《释名》将此可摇动之物说成是上面的垂珠，恐怕不代表其起初的形制，因为《后汉书·舆服志》中没有提到这层意思。至于后世步摇是指顶端带垂珠的花钗，则更是将晚出的另一种饰物与步摇混同的结果。对此，笔者认为金博山上有悬垂金叶的是一种饰件，簪钗顶端加珠滴的也是一种饰件，都可以被认定是步摇。只不过，这两者有地域之别、男女之别，因此形制不同，不能轻易地推断它们之间的渊源关系，也不必将垂叶和垂珠混同。

钗头带垂珠的步摇，是女性饰品，实际上是钗的一种样式。宋玉《风赋》中即写道："主人之女，垂珠步摇。"长沙马王堆汉墓帛画上贵妇头戴的首饰就是步摇，尽管帛画出土时清晰度已大打折扣，但我们仍可看到钗头闪动晶莹的玉珠。古诗中提到这种步摇的诗句很多，如南朝梁沈满愿《戏萧娘》诗中就有"清晨插步摇，向晚解罗衣"之句。此处特用"插"字，完全可断定是钗类，而不像三燕古墓中的冠类。唐罗虬《比红儿》诗中云："妆成浑欲认前朝，金凤双钗逐步摇。"顾况《五郎中妓席五咏》诗曰："玉作摇头金步摇。"《新唐书·五行志一》云："天宝初，贵族及士民好为胡服、胡帽，妇人则簪步摇钗，衫袖窄小。"这些足以说明，垂珠步摇属于钗类，常见的钗头为鸟雀，鸟雀的口中衔着珠串。

三燕墓里出土的应是北方民族男性武士或男贵族头戴的步摇冠。《汉书·江充传》记载："充衣纱縠襌衣，曲裾后垂交输，冠襌纚步摇冠，飞翮之缨。"《晋书·慕容廆载纪》说："莫护跋，魏初率其诸部入居辽西，从宣帝伐公孙氏有功，拜率义王，始建国于棘城之北。时燕代多冠步摇冠，莫护跋见而好之，乃敛发袭冠，诸部因呼之为'步摇'。其后音讹，遂为'慕容'焉。"这些都说明步摇冠和步摇钗本来就不是一种装饰，只不过在佩戴者行走时产生摇动感这一点上相同。

不仅步摇冠是三燕乃至北方民族的特色头饰，而且墓中出土的其他装饰也各具特色。如前述北票房身村 2 号前燕墓中，除树枝形步摇外，还出土大小不等的金带铐两件。小铐长

7.8、宽 7.6 厘米，镂饰双龙双凤纹。在其四周的边缘和当中的交叉形格子上有钻孔，系摇叶二十五片。大铐长宽各 9 厘米，系摇叶六十二片。同出的还有两种金铃，小铃八件，腹径1.1～1.6、通高 1.5～1.7 厘米；大铃十三件，腹径 2、通高2.1 厘米[13]。

　　鲜卑风格的金饰品，带有浓郁的草原剽悍的民族之风。金枝上悬系金叶，说是"步则动摇"还不如说风吹过来，金枝抖动，金叶哗哗作响更加确切，也更富有诗意。这种艺术风格，这种明显异于中原文化的韵味，通过三燕墓里那些动物形的金牌饰，那些形状各异的鎏金铜马具饰件，甚至那抽象铜鹿都可以强烈地感受到。

（三）墓葬遗物上的服饰形象

1. 拼镶砖画上的士人着装风格

　　画像砖有各种表现形式，拼镶砖画为其中一种。这种砖画是由模印画像砖组合而成的大幅砖画，在南京一带六朝墓葬中曾多次发现。

　　1958 年，江苏南京万寿村的东晋永和四年（公元 348 年）墓中出土的拼镶砖画，是较早发现的实物。1960 年，南京西善桥宫山北麓发现了一座南朝初年大墓。在墓室的南北两侧壁上，嵌砌有巨幅以"竹林七贤"和荣启期为题材的拼镶砖画。每幅画面都达 240×80 厘米见方。每面绘四个人物，两壁对称。后来，在南京西善桥油坊村大墓、丹阳建山金家村大墓、胡桥鹤仙坳大墓也发现了拼镶砖画。砖画的题材除七贤外，还有日月、狮子、青龙白虎、披铠武士和出行场面等[14]。

图二七　江苏南京出土南朝"竹林七贤"和荣启期拼镶砖画（局部）

　　所谓"竹林七贤"，为嵇康、阮籍、山涛、王戎、向秀、刘伶、阮咸。砖画表现他们于竹林树丛间操琴、拨阮、纵酒、吟诗的情景。在这幅砖画中，八个人席地而坐，侧上方铭有姓名，中间以银杏、垂柳、松、竹、梧桐和椿树相隔。由于是有确切年代的真实人物，因此这幅砖画上的服饰形象便有了重要的研究价值。

　　"竹林七贤"作为当年文人的代表，皆着宽敞的大袖衫，衣领随意敞开（图二七）。画面上八个人中，有七人赤足，一人散发，四人裹着幅巾，三人梳着儿童的丫髻。古籍中记载，这一时期文人服饰的主要特点是褒衣博带。《宋书·周郎传》中记载："凡一袖之大，足断为两，一裾之长，可分为二。"竹林七贤与荣启期拼镶砖画的发现，使人们真正领略到魏晋士人的通脱畅达、不拘礼法的着装行为。从传统意识来讲，汉族人受儒家思想影响根深蒂固，认为"身体发肤受之父母，不敢毁伤"。到汉代，只有被判罪的刑徒才披散开发髻（或断发）。然而砖画中的荣启期就披着头发，一幅欲神欲仙的样子。嵇康、王戎、刘伶则索性将头发梳成丫髻，完全不涉世俗的装扮。这样直观的形象，文字以外很难见到，惟有考古发掘，才使一个个古代服饰形象鲜活起来。

2. 画像砖上的南北服饰

　　1958年3月，河南省文物局文物工作队在河南邓县学庄南朝墓中发现了画像砖。这些画像砖的内容非常丰富。其中有表现生活场面的出行、牵子、牛车、抬辇、贵妇出游等题材，也有表现孝子故事的郭巨埋儿、老莱子娱亲及传说人物商山四皓、王子乔，以及武士出征、乐舞场面和神禽异兽等祥瑞图像[15]。

　　邓县画像砖上的人物造型，显示出这一时期美术的典型风格——秀骨清像。其皆戴小冠，穿大袖衫，下则长裙曳地，腰带与袖、裾随风飘舞。这种配套服饰即是当时从北到南流行而来的裤褶装的一个变种。说它是变种，是因为裤褶系来自北方游牧民族的衣装，后传至中原以至南方。《邺中记》载："石虎皇后出，女骑一千为卤簿。冬月皆着紫纶巾，蜀锦裤褶，腰中着金环参镂带，皆着五彩织成靴。"但是，真正的裤褶上为短袍，下为有裆长裤，主要是为了骑马方便。而传到中原及中原以南后，裤褶的穿法，虽说还保留着上短袍、下长裤的形式，但上衣实际已成为衫（因气候原因），下裤则趋于肥大（不属马上民族），有的仍着宽大的长裙。

　　关于衫裤（裙）装的穿法，也有将上衣加长的形象。《南史·陈庆之传》记：暄（庆之少弟）"以玉帽簪插髻，红丝布裹

图二八　湖南长沙出土晋金箔花钿

头，袍拂踝，靴至膝"。邓县画像砖上的男子既有半长衫（相当于裤褶短袍）的服式，也有长衫的服式。脚上大多为高头履，这种履，使硕长的衣襟被挡在履头之后，所以行走起来不会踩住裙裾。当然，有些牵马前行的兵士只着紧身的裤褶、窄袖衣、瘦缚裤，裤长及踝，下有便利的鞋履。

另外，《宋书·五行志》记南朝风俗："民间妇人结发者，三分发，抽其鬟直向上，谓之'飞天紒'"。邓县画像砖中的女子发式就有与古籍记载相吻合的环髻和丫髻。不过，《宋书》中说这种发式始自元嘉六年（公元429年），先在宫中流行，后普及于民间。但从考古发现的形象看，环髻出现的时间早于元嘉六年（图二八）。

这里，还需要单独分析一下的是墓门壁画上守门吏的装束。他们头戴进德冠，身穿朱红宽袖上衣，实则是又套上一件裲裆铠。倚剑标明武士之威严，长髯又带着几分儒雅，下着肥裤，更有"广袖朱衣大口裤"的时代特点。

3. 壁画和漆画上的各阶层服饰

1972年至1973年，在嘉峪关和酒泉之间的戈壁滩上，发现了六座曹魏至两晋时期的墓葬。墓内保存壁画六百余幅，内容几乎都是描写现实生活的，如农桑、畜牧、井饮、奏乐、博弈、牛马、营垒、狩猎、屯垦、庖厨、宴饮等。加之画法朴实大胆，既概括又写实，使画面显示出浓郁的生活气息[16]。对于服饰来说，这里展现的主要是平民百姓的服饰形象，如牧马人头戴双尖毡帽，身穿大襟交领齐膝袍服；耙地小儿披着头发（垂髻）；驾牛耕地的农人头上梳髻扎巾，身穿缘领、缘裾袍服，肥腿扎口裤；采桑女头梳环髻，上衣下裳，短裳下露着长裤，赤足；抬水的二女着上衣下裳，头梳环髻；猎人戴着圆顶毡帽,身穿短袍、瘦裤、浅履;扬场农人穿短袍长裤等。另外,还有农妇穿袍服,系围裳;射猎者短衣、短裤,一身轻装等。

墓中描绘劳动者形象的画面,多达两百余幅。除了单幅的以外,还有较大幅的表现屯田制的画面。如屯垦图上半部为两排着装整齐的兵士,列队荷戟持盾前进,队前有击鼓带路的前锋,中间有骑马的军官。下半部表现农夫耕地,其中既有披发跣足、着窄袖衣瘦腿裤的少数民族人物形象,又有短袍长裤的汉族人物形象。画面人物造型主要依据线条。由于设色简单,只是先以土红色起稿,后用墨线勾出轮廓,再填入赭石、红、黄等,所以未能给我们提供更多当年的服色依据。但仅这些百姓服饰形象,已经具有很高的研究价值了。

相比之下,山西太原北齐娄叡墓的壁画笔法较为细腻,人物身份也较高,衣饰则更为考究。1979 年至 1981 年,山西省考古研究所和太原市文物管理委员会联合发掘此墓[17]。据出土墓志判定,墓主娄叡是北齐宰辅重臣,封东安郡王。

其墓室壁画中有不少内容是表现娄叡生前的豪华生活场景。在墓道东壁上层有长卷式的墓主人夫妇出行和回归图,下层描绘墓主人在宫苑内的活动,包括迎宾、部曲、门吏、鞍马、牛车出行及墓主人夫妇宴饮和乐舞图。另外,还有表现墓主人死后升仙的虚幻世界。其中方相氏、仙人骑龙、羽人开道、雷公电母等的服饰虽说不完全是现实的反映,但也还是源于当时的生活。

墓室壁画中的门吏服饰与邓县画像砖墓墓门壁画上的守门吏装束十分相似,也是头戴进德冠,身穿广袖朱衣,外罩裲裆铠。但是娄叡墓壁画显然出于高手,因而人物神情生动,双目有神,服饰自然也表现清楚,反映了当时的服饰情况 (图二九)。

图二九　山西太原出土北齐墓壁画门吏图（局部）

　　在娄叡墓壁画出行图上，武士头戴巾帻，巾尾在脑后随风飘拂，身穿圆领或鸡心领袍衫，脚蹬乌皮靴，腰间佩剑。整体服饰形象接近唐代男性。

　　1965 年和 1966 年，大同市博物馆对位于大同市城东 7 公里石家寨村西南的北魏司马金龙墓进行了清理发掘[18]。在一批罕见的艺术珍品中发现了 80×20 厘米的木板漆画五块。板面涂红漆，题记涂黄色底，墨书黑字。画线用黑色，着色有黄、白、青绿、橙红、灰蓝等。木板两面均有画。画分四层，每层高 19～20 厘米。每幅有题记和榜题，说明内容和人物身份。主题是表彰帝王、烈女、孝子之类，取材汉代刘向的《列女传》。从造型、构图、赋色、用线等方面看，颇具东晋顾恺之的笔意，尤其与《女史箴图》、《列女仁智图》风格相近。

漆画中人物的服饰也与顾恺之的画中形象相类，如其中注明"周太似"、"周太任"、"周太姜"的三女性都穿着杂裾垂髾服。也就是说，内容以及人物取自汉刘向著作，但服饰则是东晋时女子喜欢穿的杂裾垂髾服。画中为汉成帝抬辇的舆夫着装也是汉末至唐初的风格。其头戴黑色幞头，身着宽袖短袍，下着肥裤，裤脚扎紧并掖于黑色高勒靴靴筒内。皇帝的冕冠垂旒，也与唐初阎立本《历代帝王图》中的形象相类。

漆画发现虽少，但却从考古角度证实了当年画像造型的时代风格，也为服饰文化研究提供了更为清晰的形象资料。

4. 陶俑上的裤褶装

魏晋南北朝墓中出土很多陶俑，比起汉代陶俑来，少了几分朴拙，添了几分细腻。这样一来，俑人身上的服饰，也就增加了许多细部的表现。

1986 年，考古工作者对河北磁县境内的北朝墓群进行了考古调查，发现墓葬一百二十三座。墓葬散布在磁县南郊漳河与滏阳河之间，其中湾漳北齐壁画墓位于距磁县县城仅 1 公里许的湾漳村。这座墓属于无名帝王墓，随葬品最引人注目的是大批彩绘陶俑，共计一千八百余件[19]。

湾漳墓陶俑中最精彩的是两件大门吏俑，高达 124 厘米，

图三〇　河北磁县出土北朝武士陶俑

是继秦俑之后体量较高的陶俑。他们头戴黑色巾帻，身穿裤褶，外罩裲裆，拱手于胸前，双手倚扶仪剑剑柄，服饰与姿态均同于此期壁画上的门吏形象。武士俑则头戴兜鍪，兜鍪两侧垂下护叶，身穿盆领明光铠，手扶兽面盾牌（图三〇）。骑在马上的武官也戴类似的兜鍪。文官俑多头戴巾帻或进德冠，身穿宽袖裤褶装，外罩在肩上系襻的裲裆，裤很长，仅能露

图三一　河南洛阳出土北魏泥塑供养人头像

出鞋头。其他的俑有的戴小冠，有的梳髻裹巾，有的戴漆纱笼冠。后者是一种很高的帽子。东晋顾恺之在《洛神赋图》中描绘了它的具体式样，即普通高度的小冠上再罩一层醮过漆水的纱网，纱网高高竖起，里面的小冠冠顶隐约能看到。表现在陶俑上时，不会有画面上玲珑剔透的效果，因而看上去就是一个很高的冠。这是魏晋南北朝时最为流行的冠式。洛阳北魏永宁寺遗址中出土的供养人像也大多戴着高高的外形很规整的漆纱笼冠（图三一）。这种笼冠在战国至汉时，都是将漆纱冠加戴在巾帻上，称大冠，武官、宦官、近臣都可以戴。魏晋南北朝时，其沿袭下来，又名建冠或笼冠。《晋书·舆服志》记："武冠，一名武弁，一名大冠，一名繁冠，一名建冠，一名笼冠。……

图三二　河北磁县出土北朝文吏陶俑

侍臣及诸将军武官通服之。"类似这种戴兜鍪加明光铠的武士俑和着长衫、裤褶加漆纱笼冠的文史、侍臣、士人俑及其他女官俑、骑马俑等，在北齐娄叡墓中也有六百余件出土。

另外，在河北吴桥小马厂出土的陶俑中还有戴小冠、穿窄袖裤褶的男子形象。他的裤子在膝下部以丝带系扎，以至看起来像是两部分。这种缚裤在邓县画像砖和很多陶俑上也可以看到（图三二）。据《宋书》、《隋书》等记载，凡穿裤褶者，多以锦缎丝带截为三尺一段，在裤管的膝盖下方紧紧系扎，以方便行动。这种缚裤在陶俑上表现得非常明确。

（四）宗教艺术与服饰

宗教人物与现实社会人物形象的服饰不能直接联系起来。因为前者是在现实基础上通过想像创造出来的，而且神、佛总要区别于普通人，以突出他的神性特征。再有很重要的一点，凡宗教总有他的原生地。因此，宗教人物形象的服饰也就必然地带有其原生地当时的服饰风格，而后因传播至各地，又不可避免地受到当地服饰风格的影响，带上其移居地的服饰特征。

宗教艺术中还有一些现实世界的人物，那就是供养人。他们穿着的一般就是石窟、寺庙住地的人们的服饰。

关于云冈石窟的最初报道，20世纪初学者陈垣、叶恭绰曾著专文。1938年、1940年，日本学者水野清一、长广敏雄在云冈做过发掘，并进行了调查和测绘。60年代以后，中国考古工作者陆续清理发掘了云冈石窟窟前的建筑遗址。云冈石窟中最早开凿建造的"昙曜五窟"中的佛像，带有典型的犍陀罗风格。佛像内着僧祇支，外罩袒右肩或通肩大衣，既有原生地印度的披衣风格，又有希腊薄衣贴体的艺术印痕，同时还带有北魏拓跋氏古鲜卑人剽悍的着装风格。它属中国早期佛教造像，因此较多带有原生地服饰的特点。其中不少衣服宛如印度传统服装纱丽，而且璎珞满身、额上白毫等都是印度式的装饰。云冈石窟窟壁上方提瓶菩萨的发式与服装，则与一个典型的印度少女相类。

北魏时期的敦煌莫高窟和麦积山石窟的彩塑佛像，皆赤足，这一着装习惯应该说也源于古印度。而有些菩萨的花冠、赤裸的上体、飘拂的帔帛、柔软的悬垂感很强的肥裤，则都使人们感受到南亚的风格。

介乎于佛与人之间的侍童形象，在宗教艺术创作中是大有伸缩余地的。麦积山石窟 123 窟中一对北魏后期男女侍童的服饰就带有中国北方民族服饰的特征。男童戴着一圆顶毡帽，身穿圆领窄袖长袍；女童头挽两个环形丫髻，身着背带喇叭形曳地长裙，呈现出北朝时期典型的北方民族服饰特点。其为今天服饰的研究工作提供了间接的资料[20]。

洛阳的龙门石窟，是继云冈石窟后开凿的新的佛教石窟。宾阳洞是魏孝文帝将都城迁到洛阳后在龙门开凿的第一窟。洞内前壁左右两侧原分别雕有帝后礼佛图，但 20 世纪 40 年代被盗凿[21]。石雕表现的是以魏孝文帝和文昭皇太后为中心的礼佛行进队列。其中皇太后头戴着华丽的高冠，侍臣头戴着漆纱笼冠，身穿宽袖长衫，衣裾垂地的服饰形象，真实地记录了当时的宫廷着装风格。

魏晋南北朝服饰，既南北分野鲜明（包括服饰款式和整体着装风格），又互通相融，最终形成一些极具时代特色又沿用至今的服式,如裲裆。表现在饰品上,以北方游牧民族尤为出色。这一时期服饰考古成果显著,为我们今日的相关研究提供了重要的实证。

注　释

[1]《洛阳伽蓝记》卷五引《宋云行记》。

[2] 新疆维吾尔自治区博物馆《"丝绸之路"上新发现的汉唐织物》,《文物》1972 年 3 期。

[3] 武敏《新疆出土汉唐丝织品初探》,《文物》1962 年第 7、8 期。

[4] 新疆文物考古研究所《新疆民丰县尼雅遗址 95MNI 号墓地 M8 发掘简报》,《文物》2000 年第 1 期。

[5] 武敏《吐鲁番出土蜀锦的研究》,《文物》1984 年第 6 期。

[6] 吴淑生、田自秉《中国染织史》,上海人民出版社 1986 年 9 月版。

[7] 陈大为《辽宁北票房身村晋墓发掘简报》,《考古》1960 年第 1 期。

[8] 中国社科院考古研究所《20 世纪中国考古大发现》,四川大学出版社 2000 年版。

[9]《中华人民共和国重大考古发现》,文物出版社 1999 年版。

[10] 陆思贤、陈棠栋《达茂旗出土的古代北方民族金饰件》,《文物》1984 年第 1 期。

[11] 黎瑶渤《辽宁北票县西官营子北燕冯素弗墓》,《文物》1973 年第 3 期。

[12] 孙机《步摇、步摇冠与摇叶饰片》,《文物》1991 年第 11 期。

[13] 同 [11]。

[14] 姚迁等《六朝艺术》,文物出版社 1981 年版。

[15] 河南省文化局文物工作队《邓县彩色画像砖墓》,文物出版社 1958 年版。

[16] 甘肃省博物馆等《嘉峪关魏晋墓室壁画的题材和艺术价值》,《文物》1974 年第 9 期。

[17] 山西省考古研究所等《太原市北齐娄叡墓发掘简报》,《文物》1983 年第 10 期。

[18] 同 [8]。

[19] 同 [8]。

[20]《中国雕塑史图录》第二卷,上海人民美术出版社 1987 年版。

[21] 王家斌《华夏五千年艺术·雕塑集》,杨柳青画社 1993 年版。

五

隋唐华彩

隋唐时期，特别是唐代，政局稳定，疆域广阔，经济发达，中外交流频繁，服饰发展达到了一个新的高度。有关唐代遗物中的服饰，既有"丝绸之路"古墓和遗址中的实物，又有长安城皇族墓葬遗物中的服饰形象，加之宗教艺术至唐所形成的中国风格，大唐在我国古代服饰史上留下了辉煌的篇章。

（一）"丝绸之路"上发现的唐代服装与织物

新疆吐鲁番阿斯塔那—哈拉和卓，保留下一批唐代的服装与织物。这一方面与"丝绸之路"有关，另一方面也因为新疆特有的干燥气候。阿斯塔那—哈拉和卓墓葬群位于新疆吐鲁番以东约 40 公里处的高昌古城附近。这里是西晋至唐代高昌城内居民的公共墓地，包含墓葬数千座。墓地早在 20 世纪初即屡次遭到外国探险家的盗掘。自 1959 年以来，新疆博物馆和新疆社会科学院考古研究所等单位对墓地进行了十余次大规模考古发掘，发掘晋至唐大历年间的墓葬数百座。

阿斯塔那等墓地中埋葬较晚的一批墓葬，时代属于唐西州时期（公元 7 世纪中叶至 8 世纪中叶）。此时，由于唐王朝对该地区加强统治，因而在丧葬文化上显示出更多的与中原地区接近的特点。墓中大量丝、棉、毛、麻、织物保存较好且种类繁多，使我们研究唐代服饰有了重要的实物参考。除了吐鲁番以外，在新疆巴楚以及甘肃敦煌一带也发现了许多有价值的唐代织物。

1. 吐鲁番发现的服装与织物

吐鲁番墓葬中发现的丝织物，特别是织锦，无论织法还是纹饰，都可以说是极为精彩的。这里既有传统的平纹经锦，又有织造较粗的属于平纹经锦的龟甲王字纹锦，还有技艺高超的几乎与斜纹纬锦不易区别的联珠对马纹锦，可谓联珠禽兽纹类斜纹纬锦中组织细密的精品。另如联珠天马骑士纹锦、联珠对孔雀纹锦等也可以归到这一类。同时，也有像联珠戴胜鸾鸟纹锦那样组织疏松的制品。

这些联珠禽兽纹斜纹纬锦是该地区墓葬中最常见的纹锦，发现的数量比同时期其他纹锦的总数还要多。很显然，这意味着它是向西方输出的畅销品。另外，根据当时的文献记载和其他间接资料也可以知道，这种有别于中原传统的图案，当时在我国内地已较为流行。出土量仅次于上述纹锦的，是在经斜线上织出类似莲花的花朵和四出的忍冬相间的团花锦，它的图案、地色和锦背面纹样清晰度等都和相传的"蜀江锦"近似，是这时期的一种新产品。公元 8 世纪流行的宝相花斜纹纬锦，在这时期的墓葬中也开始出现了。1969 年，在一座出有唐永淳二年（公元 683 年）墓志的墓葬中，发现裁作衣物边饰的四件锦条，木红色地上的宝相花是用果绿、墨绿、黄、棕、白五色丝线织成的，其间还加饰了白色联珠带和黄色晕绸，为以后晕绸锦的产生指示了重要线索。同墓还出土一种以淡黄色绢为地，连续折叠缝缀，然后染成有晕绸效果的棕色菱花遍地纹样，这是比较复杂的一种绞缬，即后来所谓"撮缬"的最早实物。

20 世纪 60 年代中叶至 70 年代中叶，在阿斯塔那发掘了一批公元 8 世纪的墓葬，出土了不少以前未见和少见的唐代丝织工艺繁荣时期的产品。与开元九年（公元 721 年）郧县庸调麻布同出的彩条斜纹经锦，是人字纹织物的第一次发现。同墓所出的双丝淡黄地蜡缬鸳鸯花束纹纱，以及大约时间相同而出于另外墓葬中的几件蜡缬绢，即一件染绛地花云、一件染棕地散花、一件染土黄地花云，都绘制工致，浸染均匀，是唐代蜡缬中的精品。在同一时期的墓葬中还发现一件晕绸提花锦裙，锦用黄、白、绿、粉红、茶褐五色经线织成，然后再于斜纹晕色彩条地上，以金黄色细纬线织出蒂形小团花。这既是第一次考古发现的"锦上添花"锦，又是第一次考古发现的晕绸锦。与此同出的还有两种两色蜡缬绢和一种单色蜡缬纱。在套染清晰、花纹富丽方面，这类蜡缬是前所未见的。特别是那件蜡缬纱，在深绿地上显出粉绿的狩猎图画，猎者驱马飞奔，有的弯弓，有的张索，还有的作追逐状。猎者上方有流云飞鸟，前后有花草鹿兔，并杂以山石树木，画面生动，宛然一幅高手的白描画。属于这时期的另一座墓葬中出土有一件暗红色提花纱，纱面上每隔二或三梭加织两条纬线，并浮起八瓣和四瓣小花。浮起小花的作法与上述锦上添花锦的织花方法相同，这也是公元 8 世纪出现的一种新产品。

1968 年，在阿斯塔那一座出土有大历十三年（公元 778 年）文书的墓葬中，发现了一双云头锦鞋和一双锦袜。锦鞋使用了三种锦。鞋面是用黄、蓝、绿、茶青四色丝线织成的变体宝相花平纹经锦。鞋里衬是用蓝、绿、浅红、褐、蛋青、白六色丝线织成的彩条花鸟流云平纹经锦，其中蓝、绿、浅红三色施晕绸，这是目前所知唐代最绚丽的一种晕绸锦。鞋尖和锦袜同用一种由大红、粉红、白、墨绿、葱绿、黄、宝蓝、墨紫八色丝线织成的斜纹纬锦。图案为红地五彩花，以大、小花朵组成花团为中心，绕以各种禽鸟、行云和零星小花，外侧又杂置折枝花和山石远树，近锦边处还织出宽3厘米的宝蓝地五彩花卉带状花边（图三三）。整幅锦面构图繁复，形象生动，配色华丽，组织也极为致密，反映了唐代中期织造斜纹纬锦的高超技艺。鞋内还附有黄色回纹绸垫一双，绸面光平，回纹匀整，表明当时即使是一般丝织物，制作技艺也非常精致[1]。

　　锦鞋长29.7、宽8.8、高8.3厘米，有专家认为鞋面应为斜纹经锦，鞋里为多彩晕绸经锦，鞋头及后跟用斜纹纬锦包镶，鞋内有极为平整精致的黄色菱纹绮鞋垫。因这双云头鞋鞋面宝相花斜纹经锦系用四重经丝织成的经斜纹提花织物，所以工艺十分复杂[2]。如云头鞋鞋面宝相花锦"系用宝蓝、墨绿、橘黄、深棕四色在白地上织簇八中心放射状图案花纹的斜纹经锦。在中心部分，为六个花瓣组成的圆形朵花，围绕着

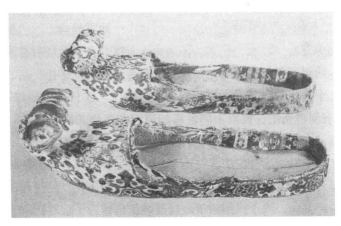

图三三　新疆吐鲁番出土唐云头锦鞋

中心朵花则是簇八放射对称的如意勾藤，在对称如意的地方缀以花蕊及花叶。从这种图案的基本形状来看，实为放射式雪花的变形"。唐张彦远《历代名画记》谓："窦师纶，勑兼益州大行台检校修造，凡创瑞锦宫绫，章彩奇丽，蜀人至今谓之陵阳公样。"唐《大历禁令》中也提到"瑞锦"，当即指这种花纹而言。瑞锦纹样的含意，应是取"瑞雪兆丰年"、"雪花献瑞"之意。《唐书·地理志》所记润州贡物有"绣叶花纹绫"，越州贡物有"宝花罗"。《唐六典》记载诸州贡物中，有兖州贡"镜花绫"等，亦都是与此类似的纹样。其"可能与魏晋以来盛行的金银珠宝镶嵌的细金工艺有关。在金银细器上，常见一些珠宝镶嵌的花朵，在中心花蕊及花蕊和花瓣交接的地方嵌以珍珠或宝石。在图案纹样上则利用佛教艺术的退晕设色方法，以放射对称的格式，把盛开、半开、含苞的花与花叶等组成富丽堂皇的团花，人们一般称其为'宝相花'。这是唐代工艺装饰中极为流行的装饰纹样，在铜镜装饰中尤为常见"。至于鞋里所用的晕绸花鸟纹锦是用两组彩条的经丝与两组本色纬丝提花的"经二重织物"。晕绸花鸟纹锦"虽只用了两重经丝，但两重经丝均为复杂的彩条，彩条的排列宽狭有度，色彩对称而富于变化。两组彩条恰当地与花纹配合。以表经的彩色排比为例，即有三十七个彩条变化，才开始它的重复"。这只是表层经丝，"在表经色条上，再以不同色彩的散点花鸟纹相配，宛如彩虹万道，彩云千朵，五光十色，绚丽缤纷。这件丝织品反映了公元8世纪时我国丝织工人在染丝、配色和牵经等方面高超的设计能力和艺术水平，说明织锦工人由西汉到唐代，经过几百年的生产实践，终于只用两重经丝就能织出像云头锦鞋鞋里这样绚丽多彩的高级晕绸提花织物"。应该说，这是我国古代纺织技术史上光辉的一页。

与云头锦鞋同时出土于新疆吐鲁番阿斯塔那北区 381 号唐墓的，还有花鸟斜纹纬锦。墓中发现有一式两块。其中一块长38、宽 24.5 厘米。这件纬锦的右面沿边有一条宽 3.6 厘米的直条蓝地彩花花边。花边以正面盛开的牡丹为中心，两头各饰以侧面的牡丹花一朵，再在空隙处填以花叶。花纹繁密，构图对称，造型丰满。花边的左面红地上饰以花、鸟、云、山等纹样，形成纹饰的主题。按完整的纹饰单位计算，主题纹饰横宽28.4 厘米。它以牡丹团花为中心，在中心的四周，围护着四组对称的写生花簇；四只嘴衔花枝的鸟雀，围绕着中心团花飞翔；四对蜂蝶穿插在花丛之中飞舞，呈现出一派万物争春的景象。再在这些主题花的外层紧靠花边与另一个图案单位衔接的地方，"饰以一组由岩石中生长出来的写生花卉，一对鹦鹉迎花而飞，远景是宁静的山岳和如意云，纹样排列由近而远，闹中取静。这种以散装花鸟围绕中心团花的纹样，是唐代以前所未见的。就通体布局来看，中心团花和散装花鸟处于动态，排列疏朗，有生长活动的余地。而蓝地花边的格律谨严，花地紧凑，纹样宁静，二者恰恰成为鲜明的对照，使花边起到了衬托主题纹样的作用。这种既匀称又有对比的布局，正是盛唐以来工艺装饰的特点"。

而在唐人的文献中也有类似的记载。陆龟蒙《锦裙记》云："其前，则左有鹤二十，势若飞起，率曲折一胫，口衔莼萏荤辈。右有鹦鹉耸肩。尾数与鹤相等。二禽大小不类，而隔以花卉，均布无余地。界道四句，五色间杂，道上累细细点缀，其中微云璨结，牙以相带。"李君房《海人献文锦赋》曰："舞凤翔鸾，乍徘徊而抚翼；重花叠叶，纷宛转以成文。"温庭筠

《菩萨蛮》词："新贴绣罗襦，双双金鹧鸪。"王建《宫词》云："罗衫叶叶绣重重，金凤银鹅各一丛。"这些都说明唐代服饰纹样中繁缛生动的写生花鸟流行之盛。从敦煌千佛洞壁画、彩塑人物服饰纹样及唐代铜镜上，特别是从唐长安城兴化坊遗址出土的大批金银器皿上，都可以看到类似的装饰花纹。《旧唐书·舆服志》规定：二品以上官服，用鹘衔瑞草、雁衔绶带、双孔雀等纹样。花鸟斜纹纬锦正是当时的贵族阶层用来作衣服边饰或袜子的织成料（在锦面直长相隔两个花纹单位的地方，用黄、蓝二色织出两条横条素边，沿着这两条素边剪裁，正好就是袜子所需的长度）。阿斯塔那北区 381 号墓葬出土的锦鞋和锦袜织成料，为古代社会的服饰纹样及纺织技术发展的研究，提供了重要的实物资料[3]。

除了锦鞋及锦袜织成料外，在哈拉和卓古墓中还发现了一些带有隋唐文化特色的织锦。如球路对雀贵字锦，其出土于高昌延昌三十六年（隋开皇十六年，公元 596 年）至义和四年（隋大业十三年，公元 617 年）墓。"原件为覆面，残存 9×18 厘米，为橙红（疑原为真红）、深蓝、葱绿、大白四色，以橙红为地，白色为纹样边缘，蓝、绿按不规则分区。图案为球路，即珠环（上、下、左、右各有一对应的回字形小方块）内填以沿横轴线两面相对的均齐式开屏孔雀纹样，二则球路中间有一贵字，球路外侧空处以相对奔驰的兽纹为装饰。纹样为二方连续"。

再如大窠马大球路锦，出土于高昌重光元年（唐武德三年，公元 620 年）墓。"原件主体动物纹样已残，仅存部分球路与大部宾花。从残存部分推算，标本原件的球路直径约为 40 厘米。组成球体边缘珠环的小球直径约 3～4 厘米。珠环的上、下、左、右也各有一对称的回字形方块。主体花纹似为横向左右均齐式骑马狩狮纹样。宾花为圆心小球路四向均齐式以卷草组成的绶带莲花纹。经丝彩色有深蓝、浅蓝、浅驼、浅黄、浅绿、白六色。黄色为地，白、蓝为纹样主色，浅绿、浅蓝、浅驼分区循环，分别与黄、蓝、白配成四色区"。

另外，还有真红地菊花球路锦，出土于唐墓。这一类织锦在永徽六年（公元 655 年）等墓中都有出土。织物纹样、色彩大同小异，大多有二色变化斜纹幅边。以真红、宝蓝、叶绿、白四色为多，也有真红、棕、白、绿四色的。此件色彩属于后者，以真红与白色为主色，分别与棕、绿配成三彩区。主体花纹为小球路内填复瓣菊花，宾花为卷草组成的四向均齐式花纹，作四方连续。

另有球路斗羊锦，出土于唐垂拱四年（公元 688 年）墓。原为舞俑小"半臂"。与此纹样相同、色彩各异的织物，同墓出土了数件。此件为"驼黄、深蓝、海蓝、棕、白五彩经丝，于驼黄地上显主体纹样海蓝色圆球，球体周边为白色联珠，在珠圈上下左右各有一对应的回字形方块。球体内填相对的大角有翼双羊，羊的一前蹄抬起。二羊似相斗。羊蹄下有两叶卷草向两侧延伸。宾花为卷草组成的放射性四面均齐式四叶形团花。主体纹样为横式两面相对均齐式纹样，沿经向倒正循环。循环单位为球路的半径。有幅边。经丝显花"。

另一件真红宝相花纹锦出土于唐神龙三年（公元 707 年）墓葬。"织物为真红、墨绿、蓝、棕、白五彩。从尚存的一个完整纹样单位看，为竖式带状散点式二方连续纹样。左侧主花为放射性多面均齐式纹样——团窠宝相花的半径，右侧宾花为放射性四面均齐式纹样——团花的一半。织物以真红为带状主地，花纹部分以白色为地，按退晕方法有层次地勾勒出花纹线条，又以真红、棕、绿色显花。从织物残存的两侧看，尚各有一条白色垂直线；真红之外，还可看出有蓝、绿二色底经，原似以均等彩条式排列，花纹略有变化"。这类织物好像专作边饰用。

一件为覆面，属球路鹿纹锦。它出自唐墓，由两块相同纹样的斜料拼接成方形。经丝为橙红、黄、白、绿、蓝五彩，以橙红为地，其余各色分区作彩条式排列。纹样为球路，即珠环内填首尾各向一方的横立全鹿纹。

从残存的另一则纹样中看到鹿蹄一只，可据此判断其头向。织物原来整幅有两则主体纹样，同为球路内横立大鹿。只是一则鹿作上行势（头向上），另一则为下行势（头向下），各作带状散点纵向二方连续。

一件球路对马纹锦，出土于高昌重光元年（唐武德三年，公元620年）墓葬。对马锦先后出土多件，色彩、纹样大同小异，此为年代较早的一件。织物作红、绿、烟、黄、白五彩，以红为地，白色为纹样边缘，其余诸色分区相间排列，每区三彩。这件纹样仅存一组完整。从残存纹样看，球路上下左右各有一仰莲与邻侧相连缀，球路内主花轴线两侧为相对横立均齐式纹样的有翼双马，马的前蹄提起，蹄下有从正中向两侧延伸的二叶卷草纹。宾花为圆心放射性四向均齐式卷叶纹。

球路对鸭纹锦出土于高昌延寿十六年（唐贞观十三年，公元639年）至唐总章元年（公元668年）间墓中。"织物残存一组纹样的大部分，可见黄、白、绿、棕四色。主体纹样为球路内横立在轴线两侧相对均齐式对鸭纹。总体布局为纵向彩带状散点二方连续。两则主体纹样中间以彩带相间，在球路纵向连续的空隙填以大柿蒂纹装饰，亦为散点式二方连续"。

图三四　新疆吐鲁番出土唐印花女裙

　　海蓝地宝相花纹锦出土于唐开元三年（公元715年）墓。织物为三条衣物残片，纹样可以复原。有海蓝、果绿、浅驼、深棕、烟色、白色六彩。以海蓝为地，棕与烟色分区排列，每一色区分别为四彩或五彩。主体纹样为放射性多面均齐式宝相团花，宾花则为圆心放射性四面均齐式团花。纹样总体布局为四方连续。

　　真红穿花凤纹锦出土于唐大历十三年（公元778年）墓。同类纹样共发现两件，其中一件有蓝白二色幅边。这一件残长24.5、宽36.5厘米，是目前所知1949年以后首次发现的唐代象生花鸟纹锦。"织物尚存一组较为完整的纹样。从残存部分可以推知整幅为相同纹样二则。主体纹样为俯视象生簇花放射性花团，花团外围有四只凤鸟相对展翅穿翔花间，造型优美

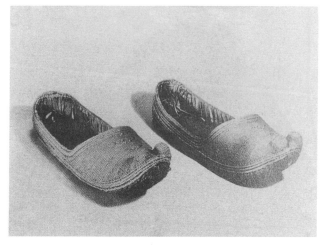

图三五　新疆吐鲁番出土唐蒲草鞋

生动，与明清织物上同类纹样近似。再向外围又有四簇对应象生花及小飞鸟。两侧主体纹样中间又以四簇四向花朵组成放射性菱形花团，将主体纹样连接。色彩配置为真红、粉红、果绿、棕、海蓝五色，已脱离了彩条分区排列的程式。由于色彩有限，虽然不能完全按照纹样要求配色，但花与叶的色彩已经分别按实际要求调配。在经向的一端保存一道宽 2.7 厘米、与纬向平行的绦带，其上下两边均有细线相隔，再下是一段约 1 厘米宽的果绿地无花纹织物，有剪痕。绦带为横式，以取俯视角度的象生花组成相对散点式二方连续纹样"[4]。

除了丝织品外，从新疆吐鲁番出土的印花女裙和蒲草鞋上，也能看到唐代服饰工艺的多元化发展情况（图三四、三五）。

2. 莫高窟发现的服装与织物

在世界上享有盛誉的中国古代丝绸，自汉以降，沿着著名的"丝绸之路"源源西运。自 20 世纪 60 年代以来，在"丝绸之路"沿线的许多地方发现了大量的古代丝织物。

1965 年，在敦煌莫高窟 122、123、130 窟，发现了盛唐时期的丝织物。这里清理发掘织物六十余件，绝大部分是各种染缬绢和各色纹绮，其中大部分是以幡的形式保留下来的。其中有一顶帷帽，虽残破严重，但在服饰考古中却是非常珍贵的资料。帷帽残长 29 厘米，帽和帽裙的面子，用四块黄绢缝制。帽顶处每块绢又分缝为两块，使其成为八瓣。下垂帽裙部分是帽子六瓣的延长，但下缘已残。帽后原缀带两条，现仅存一条。原帽衬里已不存在，现存里子上的多块黄麻布和绢是后缀补上去的。这种帽子在莫高窟初、盛唐壁画中可以看到很多例子。它可能就是吐谷浑服饰中的"长裙缲帽"。

丝织品中有晕绹提花锦。这里以绿、蓝、白、黄、褐五色经线及蓝、白，蓝、褐合丝的经线，织成三根经斜纹组织的晕色彩条纹。在彩色条纹上又以褐色纬线显出菱形小花。锦的左边是原有的幅边，也是三根经斜纹组织，幅边与晕色彩条之间以平纹组织过渡。幅边和过渡的平纹组织所用的经线都是褐、蓝两色合并的双丝。缀花绢幡是一块完整的织物。幡首为双层白色绢。幡身和幡尾为薄而软的深蓝色绢，用一块绢分叠三段缝制而成。幡上缀饰黄色、绯色绞缬纹绮和白色绢剪成的八角形花八朵。幡上采用的装饰别具特色，这是迄今发现的幡中惟一一件采用缀花装饰的。虽说幡不属于服饰，但其所用的丝织物无论织法或装饰方法，却都可以为我们的服饰研究提供依据。

有一件墨书"开元十三年"发愿文幡。长 162、宽 15 厘米。幡首为双层红色绢，顶缀蓝色绢带环结。幡身分七段，由黄、红色绢相间连接而成。各段相接处，内撑有裹着丝绵的芨芨草棍，两侧缀以短带。幡尾为本色绢，质地细薄。另有绛地灵芝花鸟蜡缬绢，上有绛色绢地蜡染灵芝花草飞鸟纹样。夹缬绢是先染为黄色，再用镂花夹板注蜡缬染出绿地圆形和四出团花。另外，还有绿地团花蜡缬绢、人字纹绮、方点纹绮、四瓣花纹绮、菱形纹绮等。其中一件龟背纹绮带，是以绛色和绿色纹绮缝合成的双层长带，长 50、宽 1.5 厘米。其一端保存原有的幅边。纹绮质地细密，花纹为连续的龟背纹，内填繁复多变的几何形纹饰。

总起来看，敦煌莫高窟发现的丝织物以绢和彩绢为最多，其次为纹绮，纱和锦最少。"纹绮的组织，都是平纹地，斜纹显花。提花方法多为纬线起花，少量的是经线起花。其经纬线密度每厘米经线 40～60 根，纬线 20～40 根。经纬线密度较高者质地较为轻薄，密度较稀疏者质地较为厚重。纹绮的纹样可分两类：一类是柿蒂纹、菱形纹、方点纹等散点纹样；一类是连续的人字纹、菱形纹、回纹、龟背纹、宝相花纹等"。其中人字纹绮是过去所未见的。

发现的丝织物以平纹组织的绢为最多。绢的经线一般每厘米 40～60 根。40 根以下的仅有两例，70 根以上的也很少。纬线一般每厘米 30～39 根，而 20～29 根、40～49 根者亦较少。20 根以下和 50 根以上的各有一例。所发现的经线在 60 根以上，纬线在 30～48 根之间的较细的绢，约占绢总数的三分之一。

纹样精美的染缬绢，在甘肃发现的丝织物中是比较引人注目的。其染缬方法有蜡缬、绞缬、夹缬、拓印四种。蜡缬和夹缬在唐代丝织物中的广泛运用，为染缬技术的发展开辟了新的天地。虽然莫高窟发现的染缬实物，还远远不能反映唐代印染技术的全貌，但从中仍然可以窥见唐代染缬技术发展水平之一斑。

属于花鸟纹一类的黄地蜡缬绢、蓝地蜡缬绢及绛地蜡缬绢，"在绢面上显出翱翔的飞鸟、浮游的水禽、盛开的花朵和流动的彩云。这些用手工描绘的纹样，在有规律的组织中，造型具体又富于变化，用笔洗练概括，形象栩栩如生，是蜡缬中的佳作。花鸟纹与新疆吐鲁番唐墓出土的绛地花云蜡缬绢的题材和构图很接近。莫高窟初唐 331 窟西壁佛龛顶部画的流云、小花及南壁西方净土变中的水禽，与蜡缬织物纹样也颇有共同之处。图案化的散花中有六瓣花、四瓣花、柿蒂花和小簇团花"。在莫高窟的初、盛唐壁画中，可以看到很多绘有这类纹样的蜡缬绢服饰。其与新疆吐鲁番阿斯塔那开元九年（公元721 年）墓出土的棕地散花蜡缬绢、暗绿地蜡缬绢、绛地蜡缬绢也极相似。"三件团花和四出团花纹样的绢与纱，花纹结构严谨工整。其中有的团花绢花纹复杂而精致，团花直径达 7 厘米。这样大而精美的纹样，显然是采用了镂花夹板的蜡染方法。绿地团花绢是 20 世纪中国考古发现中唐代蜡染织物的精品。此类团花纹样在莫高窟初、盛唐洞窟的藻井和佛像、菩萨塑像的服饰上，是屡见不鲜的。它和新疆发现的团花锦的纹样结构也有相似之处"。

关于绞缬，"发现的实物多为在绢上包以小颗粒物，扎紧后浸染各种颜色，以显出成行的白点纹样和三个白点成一组的纹样。这种绞缬花纹简单易成，是发现的染缬织物中最多的一种，而在莫高窟唐代壁画中更是比比皆是。另一件湖蓝色的夹缬绢，显出蓝白套叠的菱形花纹，十分别致。夹缬纹样仅发现了这一件。拓印染缬在 20 世纪考古发掘中系首次发现。拓印联珠纹绢的发现，为现在研究唐代的印染技术提供了新的材料。这种一面拓印的染缬方法，似是用木板先雕刻出凸起的阳纹印花板，再把染料涂在印花板的花纹线条上，然后铺上丝织物拓印，于是丝织物上便显出清晰的花纹"[5]。考古发现的这件拓印织物，其经纬线极为稀疏，也许不适于生活实用，可能是专为某种装饰用途而制作的。但唐代陶俑身上的花纹有很多类似绞缬与拓印织物的效果，因此我们可以将其作为服装面料来看待。在吐鲁番阿斯塔那304号墓（唐垂拱四年，公元688年）出土的裙子，就是用这种方法染成绛紫、茄紫两色的散点菱形网格花纹。由于这种方法不便施用于宽幅的面料，所以这件裙子是由每条宽8厘米的染缬缝合而成的。花纹对接得很紧密，绛紫、茄紫二色相间，十分美观。整个裙幅花纹上遗留的染缬时穿线的针眼还清晰可见。

夹缬裙在唐代吐鲁番古墓中也有发现。如烟色地印花缣裙，残存上窄下宽四幅相连的一块。其出土时附有白绢里，染作烟色地，显黄花纹。图案是以变化的瓜类叶、藤为主体，作蔓藤缠绕，为二方连续。织物表面有清晰完整的花版印痕。花版（经向）上下循环，（纬向）左右对称，采用的是连续纹样。另一件棕色地印花缣裙，看样子是由两幅上窄下宽，各长108、宽15～40厘米的印花缣缝合，是一件女裙的残部。"缣面为棕色地显黄色花纹。主花是由变形卷草组成直径12厘米的团窠花，花心填一立鸟。四则主花中间又填以由卷草组成的四向十字形花纹。花纹左右（纬向）对称，图案作四方连续。全幅左右二版，共四则团花"。团花的横向排列与纬线不平行，这和上述缣裙的风格是一致的[6]。

3. 新疆出土的面衣、荷包及绢花

面衣，又称覆面，连同附属的眼罩，既可为人们日常遮挡

风沙，又常作葬服。

《事物纪原》载："又有面衣，前后全用紫罗为幅，下垂，杂他色为四带垂于背，为女子远行乘马之用，亦曰面帽。按《西京杂记》：'赵飞燕为皇后，女弟昭仪上襚三十五条，有金花紫罗面衣。'则汉已有面衣也。"关于面衣的记述还见于《晋书·惠帝纪》。其曰："帝……行次新安，寒甚，……尚书高光进面衣。"从这里不难看出面衣具有避风驱寒的作用，而且，男子一样可使用，并不仅限于女子。朱偰《玄奘西游记》中有一段关于玄奘西去印度求经路过高昌时的记述。其曰：玄奘路过高昌，受到麴文泰（公元 620～640 年）的礼遇。临别，麴文泰除请他带书西突厥请求帮助外，并为其准备了足够的旅途用品。"制袈裟三十套，因为西方寒冷，又造面衣、手套、靴袜等……"，以助其远行。在中亚地区长途跋涉，跨沙漠戈壁，越雪山冰岭，面衣、手套、靴袜等障风避寒用品，是极为必要的。从此类有关面衣的记述中，我们不仅能联想到这批出土面衣的具体作用，而且还能看到面衣、眼罩成为葬俗正是对现实生活的具体写照。

新疆博物馆曾先后于 1959 年、1960 年两次在阿斯塔那墓区进行过发掘清理，共清理墓葬四十座，出土面衣三十二件。从出土的有关墓志及纪年文书来看，这批墓葬时代均属麴氏高昌及初唐阶段。

面衣的质料，一般均用锦、绢（或绮），往往都是锦面、绢里。锦面呈长方形，一般长 20、宽 14 厘米左右，但也有只是一块较狭的长条锦，或是用四五块拼凑而成的小片锦，大小不一，锦面各异。除锦以外，面子用料也有个别的使用染花绢。锦面四周都为接缝很宽的绢幅。里层一般都用绢，也有在锦和绢中间填一层薄薄的丝绵。其制作方法是顶部长幅后折，与左右边幅相接处用线缝，可以整个套在头上。在几件面衣的顶部可以看到尚未打开的结扣。很多绢里已损坏，很难见其全貌，锦面保存完好的比较多。从实物看来，口部或眼部都未发现任何开洞的痕迹。

考古工作者曾对 325 号墓出土的面衣作了分析。该墓无墓志，但有龙朔元年（公元 661 年）残纸文书出土，能说明随葬品的年代。面衣锦面长 21、宽 17 厘米，淡黄地，深蓝色显花。图案主题是一猪头，嘴张开、牙显露、眼圆睁，两耳分垂于侧，四周绕以大联珠环纹。锦面四周附绮，为深紫色，暗纹显花，作并列的小团花图案。绮幅宽 12 厘米，呈皱褶状。白绢作里，绢里已损坏，原来尺寸不明。但顶部可见缝连的痕迹，下端束带尚存。在绢带结扣处及绢里的其他部分，还附着有死者的头发。从这些情况，可以充分想见面衣的形式确为帽套状。

在这里，还要着重研究一下 332 号墓出土的面衣材料。332 号墓也无墓志，但出土有麟德二年（公元 665 年）的残纸文书。其为三人合葬墓，出土面衣三件。不分男女都用面衣，皆为锦面绢里。其中锦面图案两件为走鹿，一件为立鸟，四周均为大联珠环纹。值得注意的是这三件面衣均附有一种眼罩。从一件保存完整的眼罩标本来看，为铅质，极薄，厚约 0.5 毫米。用锦片滚边，长 14.5、眼部宽 4.5、鼻梁部分宽 3.5 厘米（均连边）。眼球部位用针刺孔，两边各有十九孔，分布成圆形。可惜这件眼罩与覆面的关系已不清楚，原来清理时也未注意到这一现象。另两件面衣所附的眼罩，均已残碎，但其滚边的锦，仍和覆面连在一起，是用针线将罩缝连在绢里相当眼睛的部位，锦面再覆于其上[7]。这种面衣在《仪礼义疏》中有记载，主要用在葬服上。由此，我们可以得出一个结论，这种服饰既根据西域气候寒冷、风沙大的自然条件用于日常生活，又遵循中原汉人习俗作为葬服。正如《北史·西域传》中记述高昌，"国有八城，皆有华人"。"其风俗政令与华夏略同……文字亦同华夏，兼用胡书。有《毛诗》、《论语》、《孝经》，置学官弟子，以相教授，……其刑法、风俗、婚姻、丧葬，与华夏小异而大同"。

民丰和阿斯塔那各墓所出绢、缣为数极多，除本色外，还有染成大红、粉红、墨绿、豆绿、鹅黄、绛紫、茄紫、翠蓝、湖蓝、藕荷等色的绢和缣。另外，还发现缝制成的衣物及其残片和剪裁下来的零头和碎块。其中一件荷包，工艺性很强，不仅体现了丝织工艺，还带有刺绣和编结的绦带。看起来，荷包为"大红缣地剪缝成的磬形的夹套，两面用正黄、宝蓝、湖蓝、浅绿和古铜色丝线，绣成大小如意纹，加上古铜色人字纹编结的边饰，并附有丝线编的带系，两边下角垂以丝穗"。荷包不仅色彩艳丽，而且造型和设计也巧妙地体现了吉庆如意的含义。这正是具有中国传统民族风格的工艺品，在新疆出土遗物中很少见[8]。

新疆吐鲁番阿斯塔那墓区唐代墓葬中，出土了不少绢花。其色彩鲜艳，在一千多年后仍如新制。187号墓中出土的绢花就是其中一例。墓内男尸身下铺有苇席，席边以文书残纸包覆，文内有"天宝二年"的年款。由此可以推定，此墓两次入葬的时间当在武则天推行新字至天宝二年（公元743年）以后，夫妇先后入葬的时间前后相差四十多年。这束绢花入葬的时间应该也在公元7世纪末至8世纪中叶之间。

绢花的制作，在我国有悠久的历史。根据吐鲁番出土的这束绢花及 230 号墓中出土的绢花分析，唐代的绢花制作用料有一定选择，制作有一定工序，已积累了丰富的经验，具有相当高的技术水平。"花枝主干选用较直的树枝，叶、花茎条用细竹丝扦入树枝构成，花瓣、花叶用绢、纸，花柱头用纸团，花蕊用白色的丝线、黑色的棕丝等。制作工序有染色（据叶、花的不同色彩要求染出草绿、粉、黄等色）；剪切（据设计要求剪出不同的树叶、花瓣形状）；上浆（一些花瓣是将绢、纸裱糊后剪成，经过浆制，叶、瓣均较厚挺）；绘画（在染色、剪切后的一些花瓣、花叶上，用彩色描出脉纹）；粘黏捆缚（用糨糊粘黏，再用染色丝线捆缚缠绕全部枝干，使成草绿色）等四五道"。制成的绢花色彩艳丽，形象逼真。187 号墓出土的绢制白色百合、粉色蝴蝶兰，衬托着绿色的枝叶，至今仍鲜活生动[9]。

除了以上所述的出土服饰品外，新疆吐鲁番唐墓中发现的麻布衣服、被、褥、袜等，也是 20 世纪极为重要的考古收获。如其中一件麻布袜，袜勒高 28、底长 30 厘米，每平方厘米经线十一根，纬线九根。上有墨书，说明是当年征收庸调时收缴的麻布[10]。

（二）墓葬遗物上的服饰形象

唐代墓葬中出土的壁画、绢画以及陶俑很多，其中不乏侍宴、乐舞、劳作、守卫等人物形象。这些形象模拟当年生活中的人物，为我们研究古代服饰提供了重要的资料。相比之下，壁画、绢画上的人物多为仕女或侍女，间或也有男性官吏，而陶俑中除了侍女之外，还有很多舞女形象。此外，镇墓俑也数量颇丰，且多是男性武士形象。

1. 壁画、石刻、绢画中的人物服式与面妆

唐代墓室壁画中的人物形象众多，服饰形象亦非常丰富。1982 年，有学者对西安地区唐墓壁画的布局和内容进行了分析，将二十四座壁画墓分作五个阶段。此外，山西和宁夏境内也发现了不少壁画墓，这为我们提供了大量的服饰研究资料。

懿德太子李重润墓（公元 706 年）和章怀太子李贤墓（公元 706 年）中发现了大量的墓室壁画。尤其是李贤墓中的宾客图，为今天研究唐代文吏与外国客使的服饰提供了具体的形象资料。李贤是唐高宗李治的次子。其墓中保存较好的壁画有五十多幅，面积达 400 平方米[11]。宾客图，也称客使图，内容描绘唐朝政府官员引见友好宾客时的情景（图三六）。三名鸿胪寺的官员，头戴漆纱笼冠，身穿交领黄袍，袖子宽大，几近垂地，领、袖、袍下摆均镶有很宽的黑色缘边。袍下摆并不齐平，式样为前后略长，两侧略短，摆缘呈皱褶状。袍内有长裙着地，腰后有带头垂下。脚蹬歧头高履。他们身后有三位外国客使。走在前面的深目高鼻，头顶髡发，一圈短发似有些卷曲。身穿紫褐色长袍，袍袖窄瘦。最需要注意的是立领敞开，呈大翻领状，这一点明显异于中原传统服式。腰间束一细腰带，脚蹬黑色高筒靴。第二位客使头戴小冠，冠上插着两根羽毛，羽毛直竖。身穿土红色领缘的广袖白袍，袍为左衽，区别于汉人。袍子不算很长，仅及膝下。袍有缘，腰间束带，带头从前面垂下。袍下露出接襕的长裤，脚穿矮勒毡鞋。靠后面的一位头戴护耳的皮毛帽子，身穿厚实的圆领黄皮袍，袍身不长。外面又罩一件灰色大袍，袖子很宽，外袍为敞领，脚蹬翻毛高勒皮靴。

图三六　陕西乾陵唐墓壁画客使图（局部）

　　此外，该墓过洞、天井、甬道到前、后室墓多绘有男女侍者，其间还常缀以花草树石。在狩猎出行图中，描绘了墓主人生前游乐狩猎的生活。画面人马奔腾，声势显赫。打马球图描绘了唐代盛行的马球比赛，二十多个骑马人物奔驰击球，情节紧张有趣。宫女图、观鸟捕蝉图、护竹图等，刻画了禁锢在深宫内苑的宫女们无所事事、百无聊赖的生活场景。壁画上骑马或站立男子，大多是戴着黑色幞头，身穿前开襟大翻领的襕袍，袍领有领缘，腰间束带，脚蹬黑色皮靴。有的腰间系有鞶囊。这样的一身衣服应该属于胡服。不仅男性如此穿着，而且女性也有穿胡服或男装的。胡服穿在男女身上样式基本一致，女子也穿前开襟大翻领。女子着男装时，主要是穿男子通常穿着的圆领袍衫，有时也像男子那样戴幞头，有时则露着发髻。男装的袍袖较瘦，细长，垂下时宛如舞衣一样，长过手指尖。腰间束带，有的腰带上佩着装饰性鞶囊。穿胡服的则佩着西域民族的鞢䚋带。着胡服者多穿皮靴或绣花小靴，穿男装者则着丝织浅鞋或乌皮六合靴。胡服或圆领袍衫下都是缘边长裤，使人一看便知区别于中原女子的长裙。

同属陪葬乾陵的懿德太子李重润墓，墓室壁画规模宏大，人物众多，可分四十余组，面积约 400 平方米。在墓道东西两壁，以三出阙和城墙为背景，绘有太子仪仗；过洞内绘有驯豹、架鹰、架鹞等生活场景；天井内绘有戟架和肩辇等车具。从甬道到墓室绘制了数位情态各异的持物侍女等[12]。李重润墓中的男子也是头裹幞头，身穿圆领袍衫，腰间束革带，脚蹬乌皮六合靴。其中列队站立、手捧笏板的一群男文吏，都是同样打扮。看起来这是唐代男性官吏穿着的最普遍的配套装束。

1960 年发掘的永泰公主李仙蕙墓内的墓道、天井及前后墓室亦绘满壁画。其中前室壁画保存完好，左右两壁以朱柱间隔，共绘有四组宫女人物[13]。

墓中有一组画于前室东壁的侍女图，堪称永泰公主墓壁画中的代表作（图三七）。画家避免了平均对待的并列式构图，将左右两组宫女安排成相向结队而行，队列疏密有致。人物高度与真人相近，且皆身材修长。前面女官发髻高束，着短襦，长裙曳地。后面的宫女各持玉盘、方盒、烛台、团扇、如意、拂尘、高足杯等物。其服饰形象同中有异。从发式上看，有螺髻、双刀髻等。襦裙之外有着半臂（即短袖衫）的，也有披帔子的，或是着半臂外再披长帔。很多半臂都是衣身相当短

图三七　陕西乾陵唐墓壁画侍女图（局部）

小，在裙腰之外。有的是对襟，穿时在胸前结带。也有少数为套头式的，穿时从头上套下，领口宽大，呈袒胸状。当年的短袖半臂都是套穿在长袖襦或衫外的，不单独穿。裙下摆处露出两只履的高头。鞋头很高，呈云朵状。

　　李仙蕙墓壁画中也有穿胡服的形象。侍女头戴唐代男子的幞头，身穿前襟对开式领胡服长袍，袍边露出长裤和浅鞋，腰间束革带，并佩鞶囊式扁圆形小包。这种窄袖胡服的形象，在陕西西安韦洞墓、韦顼墓及敦煌壁画上都有发现。

　　与胡服窄袖成强烈对比的大袖衫，在陕西乾县出土墓门石刻上也有发现。其大袖几近垂地，袖缘绣花，与裙腰（也可能是腰带）上的装饰带基本类似，只是花纹有所不同。侍女头戴高冠，冠两侧有步摇饰，属于瑞鸟衔珠之类。袒领，甚至露出胸前乳沟。同是石刻，陕西西安出土石椁上线刻的侍女形象却穿着典型的胡服。其为翻领缘边袍，窄袖袍下有条纹裤、矮靿鞋。陕西西安出土石刻上的另一侍女形象，还戴有尖顶绣花胡帽，袍子翻领上饰精致的图案，也是窄袖，袍下有条纹裤、绣花矮靿鞋。有价值的是，侍女腰间束着鞢韄带。这种腰带上垂下许多小皮条的带式，原为游牧民族习尚，自魏晋南北朝时传入中原，唐初曾作为文武官员的佩饰，以悬挂算袋、刀子、砺石、针筒、火石袋等。开元以后，官员不再佩戴，但在妇女中间却盛行开来。不过，不再挂什物，只垂以皮条作为装饰。

　　绢画不易保存，已发现较为完整的绢画，主要出土于新疆吐鲁番阿斯塔那墓群，即木骨绢面屏风。敦煌有不少绢画，但多流失域外，仅存一幅于国内。对于服饰研究来说，绢画保留了唐女的面妆。阿斯塔那187号等墓中出土的绢画色彩艳丽，

图三八　新疆吐鲁番出土唐绢画（局部）

光泽如新，较好地保存了唐女的服饰化妆的色彩效果（图三八）。如果再结合吐鲁番出土的泥头木身锦衣俑，就可以非常清楚地看到当时女性完整的面妆形象[14]。

那些仕女面部敷粉涂朱，颊红鲜艳，而且几乎画满，匀细而又得体。双眉之间都有花钿，有的似用翠羽，完全呈羽毛状，有的呈桃状，有的呈银锭状，还有的呈四瓣花状，唐代传世卷轴画上则有枫叶状的。花钿都是毛尖或花瓣尖朝上，呈现出一种晕染效果。画眉的式样较多，所见到的绢画和唐代卷轴画上的仕女眉式，很少有雷同的。据说，唐玄宗曾命画工画《十眉图》，有鸳鸯、小山、三峰、垂珠、月棱、分梢、涵烟、拂云、倒晕、五岳等。唐张泌《妆楼记》中载："明皇幸蜀，令画工作十眉图，横云、斜月皆其名。"十眉的名称，见于宋叶廷珪《海录碎事》及明王世贞《弇州山人稿》，虽历来传说不一，但可以想见其变化之多。这在考古发现中也得到证实。

壁画中，仕女的太阳穴上有用胭脂抹出的细月牙状的两道红，这即是当时的"斜红"。传说，魏文帝曹丕妃薛夜来误撞水晶屏风伤额，却引得诸宫女纷纷效仿。绢画上仕女的唇膏修饰得非常精致，看起来强调小口，但唇形的边缘又极规整，唇线画得相当讲究，如同刻出的一般。两侧唇角外，再用胭脂点出两个小圆点，形成人造酒窝。绢画上着红衫的艳丽女性，手上还戴着镯子。

另外，还需要提及的是新疆吐鲁番唐墓中出土的伏羲、女娲绢画像，所绘两人一穿朱衣花裙，头上裹幞头；一着紫衣，戴高冠，看去服饰受传统影响不大，或说并未按远祖神人服饰所绘，而是主要与时代、地域服饰风格有关。

2. 陶俑上的戎装与女装

隋唐墓葬出土的陶俑（包括三彩釉陶俑），一般衣着华丽（图三九、四〇）。

1956年，河南陕县刘家渠隋开皇三年（公元583年）刘伟墓出土的一对镇墓俑。其承袭北朝陶俑的粗犷风格，所戴兜鍪顶部一尖、一浑圆[15]。1980年，山西太原沙沟村隋开皇十七年（公元597年）斛律彻墓出土的随葬俑群，与太原北齐娄叡墓俑风格非常近似。其中骑俑、甲骑具装俑的铠甲特征，以及前额呈尖状的兜鍪和明光铠等，都与娄叡墓俑相同。另外，还有在北齐晋阳地区常见的戴扁状卷檐平顶帽、衣上饰有尖叶状饰的骑士衣，在斛律彻墓俑群中也有发现[16]。这样的俑群服饰形象，在1964年发掘的陕西三原双盛村李和墓（公元

图三九 陕西西安出土唐三彩武士俑

图四〇　山西长治出土唐三彩女俑

582年）中也有发现[17]。1957年，西安梁家庄发掘的大业四年（公元608年）李静训墓的随葬俑群服饰，已显露出向初唐服饰过渡的特点，如甲胄武士镇墓俑，虽仍为披明光铠手按兽面盾牌的形态，但胸前开始出现纵束的甲襻。女俑服饰造型呈现出广袖长裙，且将条纹长裙高束于胸的新的穿着方式[18]。

在安徽合肥杏花村开皇六年（公元586年）墓和江苏铜山茅村1号隋墓中都发现了兽首人身着袍服的十二生肖坐像[19]。此即生肖俑。值得注意的是，安徽合肥的墓中还出土了人首鸟身俑。俑的上身是一个年轻女子的形象。其头挽双髻，弯眉细目，笑容可掬，恬静端庄之外，又略有些调皮。两手拢于袍袖之中，正好形成凸起的鸟胸。这里向后延伸的形体与线条，使人们分不清是飞舞的衣裙，还是鸟的身体。该墓出土的按盾武士镇墓俑，头戴盔帽，身穿铠甲，外罩披风，披风敞开处可见圆形护胸（护心镜），下身系战裙，铠甲下缘垂着两枚小铃。胸前的铜钉、铜泡及披风的系带都表现得惟妙惟肖。

唐墓出土的俑人大多服饰华美，璎珞满身。1973 年陕西三原焦村发掘了贞观五年（公元 631 年）李寿墓，出土俑群中有贴金的甲骑具装俑、骑马鼓吹俑、女骑马俑及仆侍仪仗等。女俑多为长袖短襦，长裙及地，裙腰束至胸际[20]。1953 年咸阳底张湾发现的贞观十六年（公元 642 年）独孤开远墓和1986 年礼泉陵光村发现的贞观十七年长乐公主墓中，亦出土了大量俑人。其中女俑的衣饰体态与李寿墓女俑相同。镇墓俑依然是身着甲胄，左手按长盾的武士形象，胸前有纵束的甲襻[21]。1978 年在四川万县初唐墓进行发掘时，发现八十多件精致的青瓷俑。其中镇墓俑着甲胄、手按盾，仪卫俑戴冠扶环首大刀。另外，还有成群的甲骑具装俑和骑马鼓吹俑、侍仆舞乐俑、牵马或牵驼的胡人俑及兽首人身十二生肖俑[22]。而懿德太子墓中所出甲骑具装俑已不是实战军队，而是皇家仪仗队列。其华丽的衣着、绢甲细花、马面帘贴金等，处处显示出富丽堂皇的皇家气派。镇墓俑中文官盛装，头戴介帻，身穿圆领袍衫；武官威严，头戴冠，身着明光铠并有绣花衬裙。

唐俑中有相当一部分是三彩俑。虽说这种低温釉以黄、绿、赭三色为主，但是经炉火高温，釉料熔化，流淌下来时融熔滚动（窑变），又会产生丰富的颜色效果。三彩俑在 1955 年发掘的西安韩森寨天宝四年（公元 745 年）雷君妻宋氏墓以及其他盛唐墓中发现极多[23]。

从一些具体的形象看来，一些三彩俑的服饰反映了"丝绸之路"所带来的文化交流的成果。如 1957 年在西安南何村发掘开元十一年（公元 723 年）鲜于庭诲墓时获得的三彩骆驼载乐俑[24]。驼的双峰之上乘五人，一立四坐，均为男性。其中三个为深目高鼻卷须的西北少数民族形象，两个为中原汉人，但是穿着完全是唐代中原男性普遍穿着的幞头、圆领袍衫和窄腿长裤、乌皮六合靴，手持的又完全是胡人乐器，有琵琶、觱篥、鼓、钹。民族之间的文化交流在这里得到了充分的体现。这件作品高 66.5 厘米，比 1959 年在西安中堡村唐墓中发现的骆驼载乐俑（上有七人，舞者为高髻女子）略高。

另外，还有一些直接反映文化、经济交流的俑人形象，即陶胡商俑。洛阳唐墓出土的一件 30 厘米高的胡商俑，是典型的西亚人形象。其深目高鼻，胡须浓密。头戴尖顶胡帽，身穿翻领短袍，腰束带，脚蹬高勒毡靴（也可能是皮靴）。沉重的货囊压得他弯下了腰，手中拿着的水壶也在反映出旅途的漫长与艰辛[25]。

墓葬中发现的壁画、石刻、绢画及陶俑等，使人们对古籍中关于服饰的记载有了感性的认识。早在 80 年代初，就有学者对此加以总结，认为出土遗物证实了古籍中对唐女服饰的记载。如唐代女装的基本构成是裙、衫、帔[26]。《太平广记》卷三十一记唐牛僧孺《玄怪录》云："小童捧箱，内有故青裙、白衫子、绿帔子。"这里说的是一位平民妇女的衣着。书中又记前蜀杜光庭《仙传拾遗·许老翁》说，唐时益州士曹柳某之妻"李氏着黄罗泥银裙、五晕罗泥银衫子、单丝红地泥银帔子，盖益都之盛服也"。可见唐代女装无论丰俭，这三件一般是不可缺少的。唐女讲究将衫的下摆系在裙腰之内，而裙腰又提得很高，所以显得裙子很长。裙式肥大曾经很流行，除"裙拖六幅湘江水"外，还有"书破明霞八幅裙"。按《旧唐书·食货志》谓，布帛每匹"阔一尺八寸，长四丈，同文同轨，其事久行"。此处的尺指唐大尺，约合 0.295 米，因而每幅约合 0.53 米。六幅的裙子可换算周长约合 3.18 米。除裙、衫之外，唐代女子亦常披帔，所以又可泛称为帔服。《旧唐书·波斯传》中记："其丈夫……衣不开襟，并有巾帔。"其实在波斯不仅男子，妇女也用帔。因此，可以认为唐代帔子与外来影响有关。

除裙、衫、帔之外，唐代女装中又常加半臂。宋高承《事物纪原·衣裘带服部·背子》记载："《实录》又曰：'隋大业中，内官多服半臂，除却长袖也'。唐高祖减其袖，谓之半臂。今背子也。"半臂即是短袖的上衣，因此又名半袖，最早出现于三国时。《宋书·五行志》载："魏明帝着绣帽，披缥纨半袖，尝以见直臣杨阜。阜谏曰：'此礼何法服邪？'"至隋代，半臂已逐渐流行。到了唐代，男女皆穿，但以妇女穿半臂的居多。据《新唐书·舆服志》记载："半袖、裙、襦者，女史常供奉之服也。"永泰公主墓壁画中所绘的侍女，其身份当与女史相近，正是上身在衫襦之外又加半臂。这种装束不仅在宫闱中常见，中等以上唐墓出土的女俑也常有着半臂的。至盛唐时，半臂已极为常见。唐张泌《妆楼记》云："房太尉家法，不着半臂。"房太尉即房琯。他家不着半臂，或自以为是遵循古制，但在社会上则被认为过于迂腐了。唐代女装中的半臂似受到龟兹服式的影响。在新疆克孜尔石窟中所见龟兹供养人形象常着两种半臂，一种袖口平齐，另一种袖口加带褶的边缘。这两种半臂都曾在中原地区流行。

唐初女装衣裙窄小，至盛唐时，妇女渐以丰腴为美。《历代名画记》卷九称盛唐谈皎所画女像作"大髻宽衣"正是这种新趋势的反映。中唐以后，女装越来越肥。元稹《寄乐天书》谓："近世妇人……衣服修广之度及匹配色泽，尤剧怪艳。"白居易《和梦游春诗一百韵》亦云："风流薄梳洗，时世宽妆束。"女装加肥的势头在唐文宗时急剧高涨。《旧唐书·文宗纪》中记，文宗即位之初，于太和二年还曾向诸公主传旨："今后每遇对日，不得广插钗梳，不须着短窄衣服"。

　　唐女不穿襦裙时，常着胡服与男装。其中最典型的胡帽即所谓张祜诗《观杨瑗柘枝》中所描写的"卷檐虚帽"。这种帽子与欧亚大陆北方草原民族——从斯基泰人到匈奴人都喜欢戴的尖帽很近似。唐墓所出胡俑、胡商俑等亦多戴此类帽。虚帽即是尖顶帽，在流行这种帽式之前，曾有幂𠡠。《大唐新语》卷十云："武德、贞观之代，宫人骑马者，依周（指北周）礼旧仪，多着幂𠡠。虽发自戎夷，而全身障蔽。"《旧唐书·吐谷浑传》称其人"或戴幂𠡠"，我们由此可知其发源地。幂𠡠在隋代已流行。《北史·隋文帝四王·秦王俊传》谓："俊有巧思，每亲运斤斧，工巧之器，饰以珠玉。为妃作七宝幂𠡠，重不可载，以马负之而行"。幂𠡠周围所垂的网子上还可以缀饰珠翠。因它可障蔽全身，故隋代的杨谅和唐初的李密都曾让士兵戴上幂𠡠，伪装成妇女，以突发制人。《旧唐书·丘和传》记载："汉王谅之反也，以和为蒲州刺史。谅使兵士服妇人服，戴幂𠡠，奄至城中，和脱身而免，由是除名。"《旧唐书·李密传》载："密入唐后，复起事。简骁勇数十人，着妇人衣，戴幂𠡠，藏刀裙下，诈为妻妾，自率之入桃林县舍。须臾，变服突出，因据县城。"至唐高宗时，妇女已用帷帽代替了幂𠡠。帷帽是在席帽帽檐上装一圈短网子。唐王叡《炙毂子录》记："席帽本羌服，以羊毛为之，秦汉耗以故席。女人服之，四缘垂网子，饰以珠翠，谓之韦（帷）帽。"席帽的形状是怎样的呢？唐李匡乂《资暇集》卷下说："永贞之前，组藤为盖，曰席帽。"后唐马缟《中华古今注》卷中曰："藤席为之骨，鞔以缯，乃名席帽。至马周以席帽油御雨从事。"宋龚养正《释常谈》卷上记："戴席帽谓之张盖。"故此，人们认为席帽的形状和近代的斗笠相似。席帽上蒙覆油缯的，称油帽。宋代的帷帽多以油帽为主体。宋高承《事物纪原》卷三记，帷帽是"用皂纱全幅缀于油帽或毡笠之前，以障风尘，为远行之服"。这类帷帽的形象在宋代的《清明上河图》和元代的永乐宫壁画中都可以看到，但在唐画中并不多见。所幸考古发掘为我们提供了帷帽的真实形象，新疆吐鲁番阿斯塔那墓中出土的彩绘女骑马俑就戴着西方宽檐礼帽式的帽子，周围垂着齐肩的纱网状帽裙。《大唐新语》云："开元初，宫人马上始着胡帽，靓妆露面，士庶咸效之。天宝中，士流之妻或衣丈夫服，靴、衫、鞭、帽，内外一贯矣。"这时的胡服已经是卷檐尖顶或圆顶帽，不再遮住容貌了。但据《旧唐书·舆服志》中记载，唐高宗于咸亨二年（公元671年）颁发的诏书上又指责说："百官家口，咸预士流，至于衢路之间，岂可全无障蔽？比来多着帷帽，遂弃幂䍦；曾不乘车，别坐檐子。递相仿效，浸成风俗，过为轻率，甚失礼容。"然而社会的潮流并不会因此改变。《唐会要》载：到玄宗时，开元十九年（公元731年）的诏书上要求"妇人服饰……帽子皆大露面，不得有掩蔽"。根据出土的大量陶俑观察，骑马女俑戴胡帽和露髻的数量很多，这显示了服饰在一定时期穿着的广泛度。

　　唐代妇女穿男装，在初唐时已出现。除高宗时太平公主着男装外，唐代给使内廷的宫人也着男装，称裹头内人。《通鉴》唐德宗兴元元年（公元784年）条胡三省注："裹头内人，在宫中给使令者也。内人给使令者皆冠巾，故谓之裹头内人。"所谓裹头，即幞头。永泰公主墓前室壁画每壁绘有贵妇一人，持物者六至八人，最后一人为裹幞头的为男装女子。另三彩陶俑中也有骑马女子裹幞头者，身份即应与裹头内人为近。后来，裹幞则较之初唐时更为普遍。唐代女艺人亦着男装。唐范摅《云溪友议》载元稹《赠探春诗》云："新妆巧样画双蛾，慢裹恒州透额罗。正面偷轮光滑笏，缓行轻踏皱文靴。"透额罗不仅出现在唐墓壁画中，在陶俑中更为多见。到了中晚唐时，贵族妇女也有着男装的。《永乐大典》卷二九七二引《唐语林》记："武宗王才人有宠。帝身长大，才人亦类帝。每从（纵）禽作乐，才人必从。常令才人与帝同装束，苑中射猎，帝与才人南北走马，左右有奏事者，往往误奏于才人前，帝以为乐。"在出土陶俑等形象资料中，有的妇女虽着男式袍，但头上露出发髻；有的虽着袍且裹幞头，但袍下却露出花裤和女式线鞋；也有的服装全同于男子，但从身姿、面形与带女性特征的动作上，仍可看出是妇女[27]。

（三）宗教艺术与服饰

宗教艺术中的服饰风格，往往体现出一种"入乡随俗"的特点。佛教在汉代时传入我国，南北朝时期的佛教人物服饰形象，还带有浓郁的佛教原发地天竺（今印度）的服饰特点。但是到了唐代，佛教人物已基本上演化为中国人的形象了。具体表现为佛的服饰开始偏重于褒衣博带，其中龙门石窟的卢舍那佛表现得最为明显。

菩萨的着装，更是极尽奢华。敦煌莫高窟194窟西龛内南侧盛唐时期的一身菩萨极为精美。其高143厘米，身着色彩绚丽、花团锦簇的大祖领抹袖衫，腰束带，长裙垂地。裙裾层层叠叠，较短处露出赤脚。柔软绮丽的帔帛垂于身前。衣服面料上的团花和卷草纹饱满生动，洋溢着生命的活力。一方面显示唐人对色彩的独特选择视角，另一方面也显示出盛唐纺织面料的织造水平。

唐代石窟、寺庙中的天王形象，几乎都是以唐代武将为创作的蓝本。如山西五台山南禅寺大殿内右侧的泥塑彩绘天王，身高280厘米，带有中唐的雕塑风格，注重细节表现，鱼鳞甲塑造得精致入微。陕西西安大雁塔门框石刻及敦煌莫高窟彩塑中的天王的服饰形象，都是研究唐代戎装的重要资料。唐代将士出征时要戴兜鍪、穿铠甲、着披膊，佩臂韝，腰下左右垂甲裳，胫间置吊腿，脚蹬革靴。《册府元龟》载：唐太宗"贞观十九年遣使于百济国中，采取金漆用涂铁甲，皆黄、紫引耀，色迈兼金。又以五彩之色，甲色鲜艳"。将士所着战裙（甲裳）上花纹繁密，衬托着铠甲肩头立体的猛兽头形"吞口"，再加上铠甲上的"明光"（胸前两个）、"圆护"（腹前一个），显得极为精美。

敦煌莫高窟位于甘肃敦煌东南25公里的鸣沙山东麓，开凿年代最早在前秦建元二年（公元366年），经北魏、北周、隋、唐、五代、宋、元相继凿建而成规模。目前，已编号的洞窟达四百九十二个，发现的壁画4.5万平方米。1900年，王圆篆偶然间发现莫高窟藏经洞（编号为17窟）洞内藏有写经、文书及各类文物四万余件。1907年至1914年，英国人斯坦因前后五次到敦煌，从敦煌掠走写经、文书及各类文物一万多件；1908 年，法国人伯希和从藏经洞文书中拣选精品五千余件掠走；1910 年，大部分劫后留存的写经、文书运到北京。之后，日本人橘瑞超、吉川小一郎及俄国人奥尔登堡和美国人华尔纳又分别从敦煌掠取经书、窟内壁画等。

对于服饰考古来说，敦煌莫高窟中的大量壁画保留了当时供养人的形象。其颜色丰富艳丽，刻画手法细腻，特别是女子面妆更是弥足珍贵的资料[28]。

甘肃安西榆林窟壁画中也有众多的供养人服饰形象，其中男子戴幞头，着圆领袍服或花衫、短裙、长裤、浅鞋，佩鱼袋；女子头梳高髻，髻上遍插饰件，身穿花锦绫裙，妆饰已将面庞敷尽描满，盛唐遗韵犹存。这或许就是后蜀欧阳炯词所说的"满面纵横花靥"。

唐诗中经常提到妇女的翠眉，如"眉黛夺得萱草色"、"深遏朱弦低翠眉"等句。翠眉是绿眉，即韩愈《送李愿归盘谷序》所说的"粉白黛绿"。翠眉流行，继而又用墨色描眉。《中华古今注》卷中记："太真……作白妆黑眉。"徐凝诗曰："一旦新妆抛旧样，六宫争画黑烟眉。"关于眉式，初唐郑仁泰墓中出土女俑之眉已颇浓阔。沈佺期诗"拂黛随时广"或许指的就是这种眉式。盛唐时，阔眉开始缩短，玄宗梅妃诗有"桂叶双眉久不描"之句，李贺诗中也一再说"新桂如蛾眉"，"添眉桂叶浓"等。眉如桂叶，自应为短阔之形，所以元稹诗云："莫画长眉画短眉"，形象地说明了当时的风尚。短阔之眉所涂黛色或向眼睑晕散，即元稹《寄乐天书》所说的"妇人晕淡眉目"。元和以后，眉式又流行"双眉画作八字低"的八字宫眉。

唐代妇女额涂黄粉之风起于南北朝。《玉台新咏》载梁江洪诗云："薄鬓约微黄。"北周庾信诗云："额角细黄轻安。"诗中所描述的即是这种额黄。另外，吴融的"眉边全失翠，额畔半留黄"，袁郊的"半额微黄金缕衣"，温庭筠的"黄印额山轻为尘"等句，亦都是对涂黄的描写。这种妆式至五代、北宋时仍能见到，但已不像唐代那么流行了。唐女额上所涂黄粉究竟是什么，至今说法不一。唐王涯《宫词》云："内里松香满殿开，四行阶下暖氤氲。春深欲取黄金粉，绕树宫女着绛裙。"

唐诗中也有关于女子饰花钿的描写。花钿起于寿阳公主额落梅花、拂之不去的传说。其出自宋高承《事物纪原》卷三引《杂五行书》。另在唐段公路《北户录》中还有一说："天后每对宰臣，令昭容卧于床裙下记所奏事。一日宰臣李对事，昭容窃窥。上觉，退朝怒甚。取甲刀扎于面上，不许拔。昭容遽为乞拔刀子诗。后为花子以掩痕也。"花钿源于印度女子的额前红点，后随佛教形象双眉间白毫传至中国。湖北武昌莲溪寺吴永安五年（公元262年）墓与长沙西晋永宁二年（公元302年）墓出土的女俑，都在额前贴一圆点。唐李复言《续玄怪录·定婚店》记：韦固妻"眉间常贴一钿花，虽沐浴、闲处，未尝暂去"。

关于花钿的材料，可从唐代及后代诗或考证文字中找出一些根据。张正见诗云："裁金作小靥"，故应该是金箔。《妆台记》云："京师妇女竞剪黑光纸团靥，又装镂鱼腮骨号鱼媚子以饰面，皆花子之类。"花子即花钿。袁达《禽虫述》曰："鲥胃网不动，护其鳞也。鳞用石灰水浸之，曝乾，可作女人花钿。"《珍玩考》则云："江南晚季，建阳进茶油、花子，大小形制各异，极可爱。宫嫔镂金于面，皆以此花饼施于额上，时号北苑妆"。至于说用什么将花钿贴上，可从古籍中找到一些参考。江邻儿《杂志》云："契丹鸭渌水出牛鱼鳔，制为鱼形，赠遗妇人贴面花。"《词林海错》记："呵胶出虏中，可以羽箭，又宜妇人贴花钿。口嘘随液，故谓之呵胶。"欧阳修词有"呵手试梅妆"之句，也指的是呵胶。敦煌莫高窟唐代壁画中女供养人所贴的花钿，大都为红色，也有绿色和黄色。绿色的叫作翠钿，即杜牧诗"春阴扑翠钿"、李珣词"翠钿檀注助容光"所指。黄色的则如温庭筠词"扑蕊添黄子"、成彦雄词"鹅黄剪出小花钿"等。

唐女双颊的妆靥，可见元稹诗"醉圆双眉靥"、吴融诗"杏小双圆靥"。旧说以为这种化妆法起自东吴。唐段成式《酉阳杂俎》前集卷八载："近代妆尚靥，……盖自吴孙和邓夫人也。和宠夫人，尝醉舞如意，误伤邓颊，血流，娇婉弥苦。命太医合药，医言得白獭髓杂玉与琥珀屑，当灭痕。和以百金购得白獭，乃合膏。琥珀太多，及差，痕不灭，左颊有赤点如痣，视之更益其妍也。诸嬖欲要宠者，皆以丹点颊。"当时称这种赤点为"旳"。《释名·释首饰》云："以丹注面曰旳；旳，灼也。""旳"字后来讹作"的"。汉繁钦《弭愁赋》云："点圜的之荧荧，映双辅而相望"。晋傅咸《镜赋》曰："点双的以发姿"。晋左思《娇女诗》曰："临镜忘纺绩，……立的成复易；玩弄眉颊间，剧兼机杼役？"以上所说都是这种双颊上的装饰[29]。

唐女斜红的记载，可见《玉台新咏》卷七。皇太子《艳歌十八韵》中有诗句云："绕脸傅斜红。"罗虬《比红儿诗》第十七也写道："一抹浓红傍脸斜"。另外，"玉蝉金雀三层插"，"拥头珠翠重"，"出意挑鬟一尺长，金为钿鸟簇钗梁"等诗句也都是对唐女头饰的描绘。

　　隋唐服饰在中国服饰史上留下了璀璨的一页。比较其他朝代来说,唐代服饰品出土并不是很多,但不同形式的服饰形象从各个方面印证了文字材料中丰富的记载。例如,过去人们依据唐代人物画家张萱、周昉的《簪花仕女图》等认为,只有宫苑中嫔妃身份的人才会穿袒露明显的服装,而依据诗词中"惯束罗裙半露胸"之类的描述,又得出这些为淫靡之词的结论。但通过考古发掘证明,袒领装等服式是唐代,特别是盛唐时期比较普遍的女服款式。这里仅仅是举一个例子,通过考古证实或纠正人们已有的论证的事实很多。唐人广收博采,服饰上曾以"胡服"为时尚,这也在考古发掘中得到了充分证实。

注　释

[1] 新疆维吾尔自治区博物馆《"丝绸之路"上新发现的汉唐织物》,《文物》1972 年第 3 期。

[2] 陈娟娟《新疆吐鲁番出土的几种唐代织锦》,《文物》1979 年第 2 期。

[3] 同[2]。

[4] 武敏《吐鲁番出土蜀锦的研究》,《文物》1984 年第 6 期。

[5] 敦煌文物研究所考古组《莫高窟发现的唐代丝织物及其它》,《文物》1972 年第 12 期。

[6] 武敏《唐代的夹板印花——夹缬》,《文物》1979 年第 8 期。

[7] 王�《复面、眼罩及其他》,《文物》1962 年第 7、8 期。

[8] 武敏《新疆出土汉—唐丝织品初探》,《文物》1962 年第 7、8 期。

[9] 王炳华《吐鲁番新出土的唐代绢花》,《文物》1975 年第 7 期。

[10] 王炳华《吐鲁番出土唐代庸调布研究》,《文物》1981 年第 1 期。

[11] 陕西省博物馆等唐墓发掘组《唐章怀太子墓发掘简报》,《文物》1972 年第 7 期。

[12] 陕西省博物馆等唐墓发掘组《唐懿德太子墓发掘简报》,《文物》1972 年第 7 期;王仁波《唐懿德太子墓壁画题材的分析》,《考古》1973 年第 6 期。

[13] 陕西省文物管理委员会《唐永泰公主墓发掘简报》,《文物》1964 年第 1 期。

［14］李征《新疆阿斯塔那三座唐墓出土珍贵绢画及文书等文物》，《文物》1975年第10期。

［15］黄河水库考古工作队《一九五六年河南陕县刘家渠汉唐墓葬发掘简报》，《考古通讯》1957年第4期。

［16］山西省考古研究所等《太原隋斛律彻墓清理简报》，《文物》1992年第10期。

［17］陕西省文物管理委员会《陕西省三原县双盛村隋李和墓清理简报》，《文物》1966年第1期。

［18］中国社科院考古研究所《唐长安城郊隋唐墓》，文物出版社1980年版。

［19］安徽省展览、博览馆《合肥西郊隋墓》，《考古》1976年第2期；徐州博物馆《江苏铜山县茅村隋墓》，《考古》1983年第2期。

［20］陕西省博物馆、文物管理委员会《唐李寿墓发掘简报》，《文物》1974年第9期。

［21］陕西省文物管理委员会《陕西省出土唐俑选集》，文物出版社1958年版；昭陵博物馆《唐昭陵长乐公主墓》，《文博》1988年第3期。

［22］四川省博物馆《四川万县唐墓》，《考古学报》1980年第4期。

［23］同［21］。

［24］同［18］。

［25］王家斌《华夏五千年艺术·雕塑集》，杨柳青画社1993年11月版。

［26］孙机《唐代妇女的服装与化妆》，《文物》1984年第4期。

［27］同［26］

［28］中国社科院考古研究所《中国20世纪考古大发现》，四川大学出版社2000年6月版。

［29］同［26］。

六 宋明矜巧

　　这一历史时期，有与北宋对峙的辽（契丹），与南宋对峙的金（女真）、西夏（党项）以及崛起于漠北高原的元（蒙古）。尤其是元王朝，版图辽阔，值宋明之间。笔者在这里将宋明同论，主要是因为这两个朝代同为汉族政权，因而在服饰制度乃至整体文化上有着很多的一致性。宋代服饰虽然具有鲜明的时代风格，与唐服有诸多差异，但不可否认宋与唐存在着传承关系。而明代从开国伊始，即严禁胡语、胡姓及胡服，极力恢复唐宋制。所以，从服饰发展的脉络来看，宋代服饰是中国服制蓝本，明代服饰更是汉族服饰文化的集大成。宋明两代完整地保留了汉族服饰的特点。

　　从服饰风格来看，唐、宋、明虽均属汉族政权，但由于社会背景不同，文化有异，仍存在不同。如唐朝是"丝绸之路"长期经济文化交流的既得利益者，同时又经魏晋南北朝文人学士不拘礼法的叛逆意识的熏染，而且开放意识强，并正值国力强盛时期，因而唐人勇于广收博采。唐服成为中国服饰史中最为辉煌的一页。而宋代虽在唐后，但经五代十国分裂，又因程朱理学占据思想统治地位，导致审美取向发生了根本性的变化，从而形成拘谨封闭及尚素雅、重理性之风，这种风格一直延续到明代。

（一）墓葬出土的服饰品

1. 宋墓出土的民服与官服

宋代墓葬中出土的衣物和纺织品实物很多，这主要得益于四座宋墓（一座为北宋，三座为南宋）封闭较好，保留下大量完整的衣物。

1973 年 10 月，在湖南衡阳金星庄何家皂山发现一座北宋墓。墓中出土大量丝麻织物，经整理共有大小衣物及服饰残片二百余件。衣物种类有袍、袄、衣、裙、鞋、帽等，面料质地则有绫、罗、绢、纱、麻等。在纱、罗衣襟残片上，还发现圆扣和麻花形扣眼。这批北宋服饰遗物的出土，反映了宋代纺织品的技术发展水平[1]。

墓中发现一件丝绵袍，虽已残缺，但仍能看到黄褐色回纹绫面，褐色绢里，内絮丝绵。款式为交领右衽，窄袖。身长130、通袖长 215、袖宽 25～35、摆缘宽 14.5 厘米，用平针缝制，针脚细密均匀。

另有六件丝绵袄，只残存腰至下摆部分。提花绫面绢里，内絮丝绵。除此之外，还有四件上衣。其中包括三件罗面绢里夹衣和一件花纱单衣。黄褐色小点花妆花罗团花夹衣衣袖还算完整，由三段缝接而成，针脚长 0.3～0.4 厘米，衣面为小点花地。裙子有五条。如金黄色几何纹绫丝绵裙，下摆与系带已残缺，绫面黄绢里，内絮丝绵。裙面平展，由两块绫缝成，中间开口，上窄下宽。裙上部 4 厘米与裙腰缝接，腰两端延长为裙带。裙通长 94、裙面长 83 厘米。另有一条为黄色素纱百褶裙，已残缺不全。制作裙褶的方法是裙带腰与裙身缝接时，将

裙身每隔 1.5 厘米向右方收褶一进，裙身伸进双层绢裙腰内约
1.5 厘米，用直径 0.02 厘米的黄色丝线缝合。系带为双层。
另外，还有一条白色麻布百褶裙，缝制方法与黄色素纱百褶裙
相同。裙身残片呈扇形，上窄下宽，中间有两条垂直的缝线。
裙身至少由三幅缝合，中间一幅完整，幅宽约 44 厘米。

墓内还出土一顶纱帽，平头，上方下圆，上宽下窄，帽后
开口，口边钉两根双层飘带，飘带左右 5 厘米处各有系带一
根。纱帽表面纱孔均匀清晰，帽里衬粗绢和素纱。制作工艺比
较简单，缝制也可谓粗糙。可能就是专为丧葬使用，而不是日
常实用之物。帽高 23 厘米，飘带长 60 厘米，系带长 17 厘米。
鞋有四双，一双为翘尖头船形丝绵鞋，三双为平头圆口鞋，其
中一双已残。鞋的质料均为白麻布面，黄色绢里，粗白麻布
底。鞋面以细绢滚边，鞋面距鞋底 1.5 厘米处用粗线沿鞋底钉
三道，鞋底则用粗线钉一周，并从前至后在正中钉一道直线。
制作皆简单粗糙，鞋底较薄，没有磨损痕迹，说明是丧葬专用
的随葬品。

墓内出土一条扎带，也已残缺。但能分辨出是用黄色素罗
缝制而成，呈双层筒状，中间有一结。衣襟残片有三件，"其
中黑色缠枝牡丹花纱单衣衣襟残片上，能看出衣服原为直襟，
襟边外侧夹层中穿一根直径约 0.1 厘米的双股粗白麻线，以使
襟边挺直。衣襟内侧钉有两个麻花形扣眼，长 3、宽约 0.8 厘
米，两扣相距 15 厘米。扣眼用双层纱带扭成麻花状，两头交
叉处先用线固定，后插入衣襟夹层中钉牢，外留约 2 厘米。黑
色连钱纹罗夹衣衣襟残片有两件，其上各钉圆扣一个。其中一
件衣襟末端圆扣直径约 1 厘米，由一根双层丝带锁成"。这种
扣眼与圆扣的发现，是极为罕见的。因为中原汉族服装长期使

用绸带系结，只有西北游牧民族采用带扣等，所以这次的发现非常重要。即使在宋代，这种扣眼的使用也不太普遍，宋墓出土衣物不少，但都未发现此类扣系的细部物件。

除此以外，还有黄褐色回纹绫丝绵袍等。在这些丝织服装上，至今仍可以看到生动自然的纹样。如棕色富字狮子滚绣球藤花绫残片，纹样为狮子在争戏绣球，粗壮的藤花如同云气环绕，两狮之间织有长2、宽1.3厘米的富字一个，图案构思具有浓郁的民族风格。再一件黄褐色缠枝花果童子绫丝绵袄残片，纹样以石榴、桃、莲蓬、佛手柑等为主体，用攀枝童子、牡丹花作陪衬，并以缠枝串通。整个图案布局和谐，线条流畅。深褐色仙鹤藤花绫残片纹样为一对仙鹤昂首挺胸、反向展翅环绕藤花飞翔。另外，还出土金黄色牡丹莲蓬童子绫残片和一条麻织百褶裙、四双布鞋。

1975年，福州南宋黄昇墓（公元1242年）出土了一批完整的服饰。其中有完整服装二百零一件，整匹丝织品及零料一百五十三件，梳妆用品四十八件，应该说这是研究宋代妇女服饰的珍贵资料（图四一、四二、四三）[2]。

墓中发现五件广袖袍、四件窄袖袍，面料质地都以罗为主，绉纱料仅有一件。广袖袍领、襟、袖缘、下摆缘均有一道边，领、袖、下摆缘的边饰为素色或印金填彩，襟缘内的边饰大多为彩绘。款式均为直领对襟开衩，加缝衣领，衣长过膝，襟上无纽襻或系带。裁缝方法是，衣身前后及两半袖用两幅单料各剪裁成⊐形对折，竖直合缝，两半袖端各接缝一块延伸成长袖，衣前后裾长度相等。单衣二十五件，多为直领开襟开衩，加缝领，襟上无纽襻或系带。从面料上看，罗二十一件，绉纱三件，绢一件。领、襟、衬里用纱，个别用绢。领、袖、

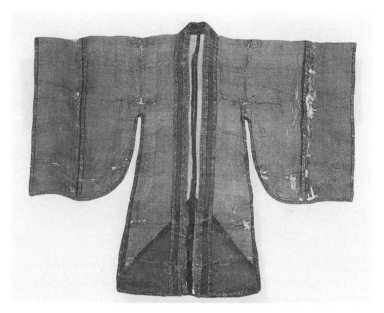

图四一　福建福州出土宋褐黄素罗镶边广袖袍

下摆缘边以素色为主，彩色花纹较少。襟边缘多为印金填彩，素色两件，无边的三件。襟缘内加缘花边一道，彩绘居多，素色的较少。内有三件是刺绣花边。也有另在腋下、背中脊、袖端接缝处缀印金填彩花边一道的。裁剪方法是把身部前后及两半袖用两幅单料对折，竖直合缝，再将两袖接长，并加缝领及边饰。有二十二件前后裾长度相等，三件后裾短5厘米。下摆平齐或呈弧形。一件绉纱单衣的印金彩绘鱼藻纹饰带舒垂。墓内有夹纳衣一件，丝棉衣两件。款式均为直领对襟开衩，加缝领，襟上无纽襻或系带，直裾宽窄合身。质料有罗、绫、绢，还有一件为缎（缎是南宋的新品种，宋以前没有发现缎织品）。衣服里子多用方孔纱，下摆缘边多为素色，对襟缘边镶一道彩

图四二　福建福州出土宋紫灰绉纱镶边背子

绘、印金、刺绣或素色宽边，宽边两侧再镶贴印金填彩的窄
边，风格清新秀丽。另外，有八件背心，包括一件夹背心。款
式也是直领对襟无袖，襟上无纽襻或系带，质地有花罗、素
罗、绉纱。襟缘镶素边或花边（内印金菊花边两件，彩绘荷花
边一件）。前后身用一长方形单料对折竖直合缝，再加缝领及
边饰。内有一件牡丹花罗背心，仅重 16.7 克。正如陆游所说：
"举之若无，裁之为衣，真若烟雾"。裤子有二十四件（两件已
残），包括合裆裤八件，开裆裤十五件，无腰、无裆裤一件。
质料也是以绢罗、花绫、花绮为主。裙子类有折裥裙两件，

罗制，质地轻薄透明。一件有洒金双凤穿牡丹纹，一件印小点
小团花。用四片料子竖向缝接，上宽下窄，每片纵直折裥，裥
有疏密。一条有折裥二十一条，一条折更紧密的裥。上端接
腰，腰两端系带。单裙十七件，多罗地，上端略窄。四片分缝
为两块，然后对错叠接成三片的宽度。居中错叠的宽度大于两
侧，顶端合缝，下摆不缝。上部接裙腰，裙腰两端系裙带。裙
两侧、下摆及缝脊多数缀有彩绘花边或印金填彩花边一道为
饰。另外，还有夹裙一件，表里均为平纹绢，形制与单裙相
同。单素短裙一件，长120、宽53厘米，三幅竖直缝接，
上接裙腰，两端系罗带。抹胸一件，表里均素绢，絮以丝绵，

图四三　福建福州出土宋女裤

长 55、宽 39~40 厘米，上端和腰间缀带。

除了以上这些衣服外，其他佩绶、荷包、梳子等，有些也属于服饰之内。如墓中发现佩绶两件。一条素罗地单面绣花，长 213、宽 6.2 厘米，正面绣有写生的玫瑰、马兰、茶花、梨花、菊花、蔷薇、月季、芙蓉、栀子、秋葵、海棠、芍药、牡丹等十八种花卉，组合生长如一枝花，长达 102、宽 6.2 厘米。绶本色为古铜色，土黄色花，深棕色花蕊，褐色茎，灰绿色叶。一端连接成 V 形，上系扁圆形浮雕双凤金纹坠饰，垂于墓主人颈部。另一条形制相同，长 195、宽 6.2 厘米，上绣牡丹、蜀葵、芙蓉、海棠、菊、莲、山茶、芍药、石榴、栀子等十三种花组合的写生一枝花。荷包一件，系于墓主人袍内腰间，形似两个扇状袋，相连如银锭式，可折合及展开。长 16、底宽 12、中腰 8.5 厘米，有两个孔眼用印金敷彩卷叶纹罗带穿系。荷包一面绣荷花，一面绣含笑花。绣法用钉线法绣轮廓，以撦和针绣花朵，铺针绣叶面。或以棉纸剪贴叶面，再用钉金法绣轮廓，然后在纸上染淡彩。香囊七件，近方形，长 5、宽 4.8 厘米，正面中央用罗贴绣鸳鸯一对，上下贴绣莲花荷叶，鸳鸯用钉金包边，花叶钉铁梗线包边。敷彩，口部用橙色双股线编结 6.7 厘米长的花穗。香囊内附一罗方袋，口沿缀彩凤纹附耳，两面均用罗扎捏成四行十六朵凸起的花朵，工艺极为精巧。

墓中还出土有金属质和木角质的佩饰品，如鎏金顶部空心雕花银钗三件（长 9.9~16.8 厘米），出土时插在墓主人发髻上。双凤穿花纹扁圆形金佩饰一件，直径 6.5 厘米，由有子母口的上下两块扣合，正反花纹相同，有小孔穿丝线于刺绣佩绶上，也挂在墓主人颈部。心形刻花银丝香熏一件，长 7.2、宽

5.5 厘米，上下两面有子母扣合，尖端有穿孔可用丝带系结悬挂，出土时置于黄昇胸前。还有木念珠两串，一串一百一十颗，一串九十三颗。珠有圆形、椭圆形瓶式、橄榄形等，均为棕色。两颗之间夹以小铜片，用橙色丝绳穿连，两端各饰丝穗，出土时置于墓主人胸部。再有半月形角梳一件，长 14.5 厘米，置于漆奁第三层。半月形黑色角篦四件，通长 9.2～10 厘米，出土时均插于墓主人发髻前后四周。另有木梳一件，长 10.1、高 6 厘米。

从墓中出土的妆饰用花粉情况来看，当年主要用含有钙、硅、镁成分的粉状物，制成圆形、六角形、葵瓣形，并印有梅花、兰花、荷花等，直径约 2.8～3.3 厘米。粉扑用罗等丝绵制成，扑背缝绣为一朵花形。根据这些服饰品，基本上可以了解南宋时期贵族妇女的服饰穿着方式及制作工艺。

1975 年，江苏金坛南宋周瑀墓出土一批服饰。周瑀生于南宋嘉定十五年（公元 1222 年），是淳祐四年（公元 1244 年）的太学生，卒于景定二年（公元 1261 年），葬于江苏镇江金坛和句容交界的茅山东麓黑龙岗，东距金坛县城 30 公里。发掘时随葬衣物基本完好，出土成件衣物三十三件[3]。

出土衣服有绸面绢里夹纳短衫和绢丝绵袄，直领、大阔袖，前襟有一系带。夹纳短衫长 90、衣宽 67 厘米，袖通长 197、袖宽 46 厘米，里面共四层，全身竖直缝纳。丝绵袄长 78、身宽 69 厘米，通袖长 148、袖宽 30 厘米。裤子有七件，包括合裆单裤四件、开裆裤三件。合裆单裤筒为前后两幅缝合，上接裤腰。另加三角形裆，于右侧开腰系带。开裆裤有两件夹、一件丝绵。裤筒为前后两幅缝合，上接裤腰，裤筒内侧上有一个三角形小裆，分开不缝合，于背后开腰，两端系带。

衫有十四件，包括直领衫七件，二夹五单。单交领衫五件，单圆领衫两件。直领衫又称合领衫，对襟大阔袖，宽身开胯，身长过膝，前襟有一对系带，两腋下各垂一带。面料有绢、缠枝花纱、素纱、缠枝牡丹罗、小花纹绮等。从款式上看，这种衣服就是南宋士人常穿的长背子。《文献通考》一百三十二卷云："长背子古无之，或云近出宣政间。""今世好古而存旧者，缝两带缀背子掖下垂而不用，盖仿中单之交带也，虽不以束衣而遂舒垂之，欲存古也"。《合璧事类》卷三十五曾讲，背子本是武士所穿，原是短袖式，南宋时演变成长袖。原来士人常服要穿皂衫，戴纱帽，束腰带。到南宋流俗变迁，士人都穿长袖开胯、腋下垂着装饰性带子的背子了。交领单衫为交领右衽，大阔袖，身长过膝，前襟交错相掩，有二纽襻分别对系于左右腋下。面料有矩纹纱、素纱、几何小花纹罗、素罗。圆领单衫为右衽，大阔袖，身长过膝，前襟交错相掩，有四纽襻分别对系于左右肩上及腋下。后襟里面自腰部向下另夹一层，这就是《宋史·舆服志》所说的襕衫，"圆领大袖，下施横襕为裳"。圆领衫后襟自腰部以下施一夹层，可以使衣服穿起来挺括周正。面料为素纱，有一件圆领衫腰间还系有素纱夹缝的绅带。圆领衫和交领衫应属南宋国子生常服的帽衫、襕衫。丝绵袍两件，直领开胯，大阔袖，表里皆驼黄绢，絮以丝绵。衣长 120、腰宽 72、下摆宽 80 厘米，袖通长 237、袖宽 53、袖口宽 51 厘米。有一件抹胸，系用驼色素绢对角缝制成梯形，上宽 15、下垂 83、竖直 30 厘米，下边中间打褶 2 厘米，上下钉有四根系带。裙子有两件，其中折枝花绮袷裳一件，棕色折枝花绮面，驼色小花绮里。上边有两处分别缝折 6 厘米，折裥为削幅，两角钉驼色绢带。另一件为缠枝花卉绫面料，驼黄绢里，薄絮丝绵。上边打褶 4.5 厘米，折裥为削幅，左右委角。均有一系带，中部的两根系带根部各有一对素色的纽和襻。丝绵蔽膝一件，里面为驼黄色绢，絮以丝绵。长 38、宽 63 厘米，上左右角各钉一绢带。菱纹绮履一双，棕色菱纹绮面，履头镶深棕色牙边为梁，口沿镶深棕色绢边。口梁上饰烟色绢缨结，驼黄绢里，无底。履长 23.5 厘米，后跟深 5 厘米。绸袜裤一双，圆头长靿，靿后上开口 15 厘米，钉两根绢带，袜脚下缘缝有一周环绕的丝线，中间用一根丝线贯穿作为袜底。靿长 35、宽 9 厘米，袜脚长 24 厘米。

除衣服之外，另有罗面贴绣褡裢一件，银锭式。面上用纱、罗、绢剪贴成牡丹花、叶，以锁针法锁边。花梗用不同捻向的两股丝线钉成辫状，边沿用缠针绣法缝合。长 14.5、宽 21、中腰 7 厘米。关于漆纱幞头，在古代绘画中出现不少，但出土实物较少。周瑀墓中有一件漆纱幞头的实物。幞头为圆顶硬脚，表里两层以纱制成，表纱涂黑漆。脚以竹条为骨，长 38、头高 20 厘米，脑后开口系带。墓主人十个手指各套一枚戒指，为锡质。另外，还有木柄及雕漆镂空转柄团扇两把，竹丝骨，扇面裱纸施柿汁。这座墓中出土的服饰实物，对于我们了解、研究宋代士人和官宦的服饰形象极其重要。

出土服饰实物较多的宋代墓葬，除了以上三座墓之外，还有福州北郊茶园村的南宋端平二年（公元 1235 年）墓，曾出土四百余件服饰与纺织品。其中多数为罗、绢、纱、绉、绸、花绫，装饰技法有绣花、提花、印花及贴金、银箔等。图案以牡丹、缠枝花、菊花等为多，服装主要为各种衣、裤、裙带和鞋、帽[4]。

关于宋代佩饰，虽然出土不是很多，但制作工艺极为精致，这在考古发掘中表现得非常明显。

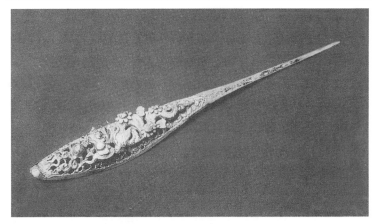

图四四　浙江永嘉出土宋金簪

　　1972年，江西彭泽北宋易氏墓出土半月形卷草狮子纹浮雕花银梳，主花上下有繁缛的边饰陪衬，下层由花瓣纹连接成花边，与梳齿相连接，精工富丽，依然保持唐代风格。

　　1974年，在北京房山长沟峪北宋石椁墓出土玉双股钗一件，长15、宽1.7厘米，弯钩形的钗头分叉形成为两股相并式，钗尾逐渐收细，末端圆钝。湖南长沙出土一簪，长7.9厘米，簪头呈钉帽形。头径1.2厘米的南宋玻璃簪，通体透明。浙江永嘉北宋遗址出土一枚镂花金簪，簪头呈扁橄榄形，上有高浮雕穿花戏珠龙纹，下衬镂空卷草纹地，簪尾收细呈尖锥形，制作极为精美。易氏墓还出土浮雕纹金耳环一对，环下连接月牙形装饰，上有浮雕菊花纹，以菊花为中心，枝叶向左右两侧铺展，工艺精湛。

　　1980年，南京市墓府山北宋墓出土的一件胆形金坠，高8.5、宽5.7厘米，坠身镂雕繁美的鸂鶒穿花纹，周边有卷草纹边围绕，顶端如意头中央有穿孔，风格华美，工艺精湛。

图四五　浙江衢州出土宋金箔花钿

　　1974年，浙江衢州市郊瓜园村史绳组墓出土一件作俯地爬行状的金娃娃。其面容丰满，神情欢快，前伸的右手中紧握一个活动的方环，可与项链相接，设计精巧。

　　另外，易氏墓还曾出土银镯一对，直径6.9厘米，镯身扁宽，向两端收细。镯面正中间以双道突线纹为饰，与两边的突起边线相呼应，简洁大方。两端相接处留有缺口，可以调节松紧。自五代以后，革带已不流行悬挂鞢鞢。带鞓束在腰部之后，前后均可加装铐牌，这成为衣服的突出装饰。1972年，陕西扶风柳家村宋代窖藏出土一副革带银质大铐。它由九块方形浮雕婴戏纹银铐组成。婴戏是宋代工艺装饰中非常流行的题材[5]。

　　出土的两宋首饰还有浙江永嘉北宋遗址的金簪（图四四）；浙江永嘉南宋窖藏的银钗、长脚金钿、镂花双首金钿；浙江衢州横路宋墓的金箔花钿（图四五）；浙江衢州上方南宋墓的葵花形金耳环；四川成都双流南宋墓的可调式金手镯等。当然，这仅是其中很小的一部分，不过由此已经能够想像出当年服饰形象的华美、精致。

2．明墓出土的皇族服饰

明定陵是万历皇帝朱翊钧与两位皇后的陵寝，位于北京昌平天寿山下。定陵始建于万历十二年（公元1584年），历时六年完成。1956年至1958年，北京市文物调查组与中国科学院考古研究所发掘了这座陵墓。

墓内有大批随葬品，共计两千六百四十八件，分别放置在二十九个箱中。其中有金银饰品、冠、带、丝织绣衣等。堪称稀世珍品的是万历皇帝的金冠及皇后凤冠。

金翼善冠通高24厘米，用金丝编成，并堆叠出二龙戏珠立体图案，重量为826克。乌纱翼善冠通高23.5厘米，冠顶也用金丝加缀红、蓝宝石与珍珠组成二龙戏珠的图案。由于乌纱墨黑，所以冠上的装饰格外醒目。其金质装饰带镶双翠，后两翼为金边全透明纱，再加上立体图案，显得既端庄肃穆又富丽堂皇。

定陵出土的孝靖皇后的凤冠，使文献记载中的凤冠形象得以真实地再现（图四六）。冠高27、口径23.7厘米，重2300克。冠的内胎用漆木丝扎制，通体簇上各色珠宝。前部接近顶端有九条金龙，每条龙的口中衔有珠滴，人走动的时候，可以像步摇那样随步晃动。下面为点翠八凤，另有一凤在最后，当取九鼎之意，象征着九州之最高统治者的夫人。"九"在中国人传统意识中，是阳数之极。冠后底部左右悬挂着翠扇式翘叶，点翠地，嵌金龙，再加以各色珠宝花饰，集中显示了明代

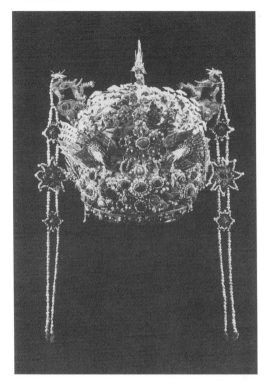

图四六 北京昌平出土明累丝点翠金凤冠

服饰制作中镶嵌金银细工工艺的高超水平。最引人入胜之处，是在金碧辉煌之中突出了天然宝石的美质，各色宝石并没有磨制成统一的形状，而是在大小基本相同的情况下，以金丝围绕，仍保留着宝石原有的不规则形状，从而呈现出多晶体的效果，使装饰繁多的凤冠避免了图案单位造型呆板雷同，令人充分感受到人工和自然的完美结合[6]。

墓中还出土了万历皇帝的衮服。衮服即绣着龙纹的袍服，自周代以来即为帝王所穿着的礼服，主要用于祭天地、宗庙及

图四七　上海出土明乌纱帽

正旦、圣节等大典。这件衣服为大红色，大襟右衽。除上面绣有龙纹外，还按照周冕服的服制，绣上日、月、星辰、山、龙、华虫、宗彝、藻、火、粉米、黼、黻十二章。这应是最后一个汉族统治的封建王朝所使用的右衽衮服了。清以后虽沿用了绣龙袍，并保留了十二章，但已按满俗穿着对襟长袍了。

绣有百子图的明代皇后礼服，出土于定陵。衣为大红色，也有龙纹。但区别于帝王龙袍的是绣有各种婴戏图，三五儿童玩耍嬉戏，形成一种工艺性极强同时又具有浓浓亲情的装饰风格，这作为皇后衣服是很有特色的。

除定陵出土的帝后服装外，上海潘允徵墓出土的乌纱帽，保留了较为确切的官员服饰形象（图四七）。江苏扬州西郊生于正德九年（公元1514年）秀才火金墓中出土的儒巾、高筒毡靴等，则可以显示出明代生员"皂缘软巾垂带"（《明史·舆

服志》）的典型装束（图四八、四九）。另外，江苏泰州东郊明
张盘龙墓出土一件抹胸，是完全靠纽带系结的式样。一件女裙
为赭黄色，织有暗花，两侧在腰下折裥。腰的两端有带，于穿
用时系结。据说，最早在裙上设计出折裥的是汉成帝宫中的妃
嫔。东汉以后，裙上施裥已成通例，并以细裥为美。故梁高文
帝《戏赠丽人》诗中有"罗裙宜细裥，画屧重高墙"之句。隋
唐以后，裙幅增加，于是又出现了百褶裙的样式。据《扬州画
舫录》载，明末清初的妇女裙式，曾一度"以缎裁剪作条，每
条绣花两畔，镶以金线，碎逐成裙，谓之凤尾。近则以整缎折
以细缝，谓之百褶"[7]。

　　明代陵墓中出土的佩饰，可谓相当丰富。北京定陵明万历
皇帝孝端、孝靖两位皇后棺中出土镶珠宝金簪，式样非常讲
究。有的镶猫眼石，通长4.5～7.2、顶长0.7～1.2、顶径

图四八　江苏扬州出土明儒巾

图四九 江苏扬州出土明高筒毡靴

1.1～1.7厘米，重6.5～13.9克。有的为白玉嵌寿字宝石或卍字镶宝石，通长9.9～13.5、顶长7.1～9.3、顶径4.6～6厘米，重44.6～99.5克。有的金镶珠宝，多作蝴蝶采花形，通长约15、顶长7～7.7、顶径2.7厘米左右，重28克左右。也有镶珠宝的鎏金银簪，通长25～27.5、顶长4～5.2、顶径9.2～9.8厘米，重达115.1～122.9克。

北京定陵出土的金钗、金簪用白玉和红、绿宝石镶嵌成各种华贵的花形，也有的只以金丝盘成凤形，以作簪首。编缀成组的玉佩饰，与各色宝石穿在一起，更是精妙绝伦。

另外，还出土有金镶玉的玉兔捣药形耳坠、金镶绿宝石戒指等。定陵孝靖皇后棺发现的玉兔捣药金耳坠，应是中秋节所用。玉兔立于宝石镶嵌的黄金彩云之上，手持玉杵捣药，形象写实生动，制作精巧。定陵出土的金环宝石耳坠和鎏金银环镶宝玉耳坠，虽造型朴素，却以色彩和质感体现其珍贵不凡，在艺术上各具特色。

明代墓葬出土的佩饰可以说令人目不暇接。如重庆江北区大竹林明简芳墓曾出土一枚钗头为朵云形的金钗。正面浮雕三骑马人物，背景为楼台亭榭，虹桥树木，精致至极。背面有字小如蚁的墨书《三学士诗》云："冠世文章绝等伦，瀛州学士盛时人，玉堂金马声名旧，明月清风气象新，阆苑朝回春满袖，宫台醉后笔传神，平生自是承恩重，每赐金莲口翰宸，福如东海长流水，寿比南山不老松，长生不老年年在，松石同岁万万春。岁在戊申仲冬吉日造。"《天水冰山录》记载的金凤冠中，有名为"王母队"的，就是这类细金工雕的乐舞群仙，一列列在仙山楼阁中为王母祝寿的场景。

北京西郊董四墓村和江西南城、兰州西郊上西园等地出土的明代累丝金凤钗，凤作举首振翅翘尾姿势，极为生动。江西南城明益王朱祐槟墓彭氏棺及其子朱厚烨墓万氏棺均出土永乐二十二年（公元1424年）十月由宫廷匠人所制作的形状相同的金凤钗。凤高10.5厘米，钗脚长12.5厘米，钗脚切面为扁形，一头宽一头窄，背款"银作局永乐贰拾贰年拾月内造玖成色金贰两外焊贰分"。朱厚烨墓还出土累丝仙人楼阁金钗九种，其上楼台层叠，飞檐升空，小桥画栏，弯曲幽径，仙人悠游其中，周围环绕奇花异草。

明代的金玉珠宝花簪也极精致，从工艺上看已能熟练运用焊接、掐丝、镶嵌等工艺。西园曾出土一件二龙戏珠金簪，整体镂空成云形，中间镶嵌红、绿宝石。顶端自云中升出一回顾的龙头与簪身一条小龙相向戏珠，龙颈、龙背均镶嵌宝石。江西南城出土的金鬓花簪，正面作如意云形，中镶红、蓝宝石。

四川自贡王家营出土的金花簪为牡丹花形，叶和花瓣均用薄金片制成，花中镶一枚红宝石作花蕊。南城明墓出土金簪的脚款刻有"银作局弘治六年（公元1493年）十月内造"等字样。1953年2月，于湖北蕲春蕲州镇刘娘井村明荆王朱厚烇次妃墓中发掘出簪十一件，大小不一，最长15.8厘米，最短5.6厘米，有莲蓬式、长条式、樱桃式三种。簪头嵌有各色宝石，簪脚多为铜质或铁质。

北京海淀区八里庄慈寿寺塔西北1公里处明武清侯李伟（万历皇帝生母李太后之父）夫妇墓王氏棺内出土凤簪两件，通高29.2、凤高6.5、宽9.4厘米。以金片合成双面浮雕，中空，凤嘴衔珠，脚踏流云。大花顶簪一件，通长23.8、簪顶花长8.1、宽4.5、高3厘米。顶花以白玉作花瓣，大红宝石作花心，旁有金蝶，蝶首嵌珍珠两颗，花四周饰红、蓝宝石。簪柄弯处托以古钱。人物花簪一件，通长21、花长10.6、宽9厘米，正面饰宝瓶、竹叶、金花，瓶两侧各立一童子，周嵌红、蓝宝石及金质玉兰花，背面为掐丝古钱底花牌及宝盆、灵芝、竹叶等图案。火焰纹花簪一件，通长12.2、花长5.4、花宽4厘米。正面饰火焰宝珠，周嵌红、蓝宝石，背面为三周掐金丝火焰纹。花簪十枚。一通长16.5、花长9.3、花宽7厘米，正面饰宝瓶喜字、蝴蝶、蜻蜓、竹叶等，两侧嵌红珊瑚磨制的花朵，背面为掐金丝的花枝。一通长21、花长11.4、花宽8厘米，正面饰金凤及玉雕番莲花，花蕊嵌红宝石，下饰瑞草及卍字，背面为掐金丝宝瓶插花枝图案。一通长21.7、花长9.7、花宽6.8厘米，正面中嵌碧玉寿字，两侧饰金蝶，蝶翅为玳瑁所制，周嵌红、蓝宝石，背面为掐金丝曲柄折枝花图案。一通长16.2、花长9、花宽5.7厘米，正面为蝶花，金蝶白玉翅，蝶须端饰珍珠。花周嵌红、蓝宝石，背面为掐金丝插盆折枝花图案。另外，还有一通长20、花长9.8、花宽6.8厘米，正面为双番莲中嵌白玉喜字，即喜字并蒂莲，周嵌红、蓝宝石，背面为掐金丝宝瓶花枝图案。

明代流行一种葫芦形的耳环，以两颗大小不等的玉珠穿挂于一根粗约0.3厘米，弯曲成钩状的金丝上，小玉珠在上，大玉珠在下，看似葫芦形，其上有金片圆盖，下再挂一颗金属饰珠。此类耳环在广州东山梅花村戴缙墓、辽宁鞍山倪家台崔胜夫妇墓、甘肃兰州上西园彭泽夫妇墓、江苏南京徐俌夫妇墓、四川成都市郊明墓等处均有出土。《天水冰山录》所记金叠丝葫芦耳环、金折丝葫芦耳环，大概即是指此。至清代，这种耳环仍在流行。

此外，明代耳环也有用金银模压成形，再在花蕊中央嵌珍珠，在花瓣花叶处镶宝石的。这种耳环在上海卢湾肇嘉浜明潘氏墓、甘肃兰州明墓也有出土。

江苏无锡陶店桥明墓出土的玉雕佛像耳环，高约3厘米，上方嵌四颗珍珠，串于金丝弯钩上。据《天水冰山录》所记，还有金水晶仙人耳环、金珠串楼台人物耳环等。在佩戴时，可能与仙人楼台的金钗配套使用。另有灯笼、寿字耳坠，当随四时应景服饰佩用。

关于手上的饰件，朱厚烬次妃刘氏墓曾出土扁圆形嵌红、绿宝石的金戒指四枚，直径均为2.4厘米，制作精美。北京市郊明武清侯李伟夫妇墓出土金镯两件，用宽0.6、长20厘米的金条打制，两端呈龙头形，含金量为88%[8]。

明代墓葬中出土的佩饰品工艺精致，品类繁多。除上述以外，还有江苏无锡江溪明华复诚妻曹氏墓出土的鎏金银发鼓及插在发鬏上的鎏金首饰，四川成都营门口明墓出土的如意头簪，江苏淮安凤凰墩明孙氏墓出土的扁形玳瑁梳，湖北蕲春蕲州镇刘娘井村明墓出土的嵌红、蓝宝石金凤冠，江苏扬州明墓出土的穿珠金耳环、镂丝葫芦形金耳环，四川成都市郊明墓出土的葫芦形耳环，江苏无锡明华复诚墓出土的金镶玉佛耳环，江苏扬州机械厂明顾氏墓出土的金镶猫眼石戒指，江苏淮安季桥凤凰墩明孙氏墓出土的金镶绿翠石戒指，安徽蚌埠市东郊明墓出土的女子带饰，江西南城明益王朱祐槟妃彭氏墓出土的金香囊等，都极为精美[9]。

（二）墓葬遗物上的服饰形象

宋代白沙墓葬保留下较为完整的壁画，对研究宋代的服饰形象极为重要。

1951 年，河南省文物管理会和文化部文物局、中国科学院考古研究所等单位配合河南禹县白沙水库工程进行考古工作，发掘了三座宋墓。其中 1 号墓为北宋元符二年（公元 1099 年）赵大翁墓，墓室分前后两室，各壁皆绘有彩色壁画。甬道两壁绘身背钱串和手持筒囊、酒瓶以及骑马的侍者形象。前室壁门两侧绘侍卫。东壁绘女乐十一人，手执拍板、笙篪、排箫、琵琶、腰鼓、杖鼓、笛和笙等乐器。西壁绘墓主人夫妇对坐宴饮图（图五〇）。后室北壁绘启门妇女，西北、东北两壁砌棂窗，西南壁绘对镜着冠的妇人，东南壁绘持物侍奉的男女婢仆，表现墓主人家居的富裕生活。另两墓也发现有壁画，多为燕居图。

白沙宋墓1号墓中发现的赵大翁的朱书买地砖券，确定了

图五〇　河南禹县宋墓壁画墓主人夫妇对坐宴饮图

该墓的时代。这是迄今为止考古发现的结构最完整、壁画内容最丰富的仿木建筑雕砖壁画墓，为现今宋代民居及平民服饰形象的研究提供了珍贵的资料[10]。

　　白沙宋墓壁画上的女性形象很多，有戴花冠的，有戴高冠的，还有梳髻的，伎乐人物中则有不少戴着男用幞头。由于是壁画，因而能看出衣服的丰富色彩。仅在颜色效果保存较好的壁画上，我们就能看到紫红、深红、土红、赭石、浅赭、湖蓝、深蓝和白色等单色衣服。另外，也有托盘侍女穿着小团花上衣。虽然衣服中素色的较多，但领缘却多有变化，如紫红衣上的浅红领缘，白衣上的蓝色领缘，蓝衣上的白色领缘，土红色上衣的蓝色领缘等。这种领缘在宋孟元老《东京梦华录》中被称为"领抹"。从书中记载来看，当年市场上有成品售卖。

壁画中的女服款式较为单一，除伎乐中有人着圆领袍之外，其他人大都穿一种半长式长袖对襟，襟前不系襻纽，两侧有衩或无衩的上装。这种服式称作背子，稍宽袖的也叫大袖，是宋代最为流行的服装，上至王侯命妇，下至民女伎乐都可以穿用。宋墓中屡屡出土此类衣物，如福建福州南宋黄昇墓中就同时出土背子与大袖[11]。只因历代对这种服式记载注疏不一，故而如今名称也难以统一。如这种衣式在考古简报中常被称作直领衫，有单有夹。无论名称如何，但其在宋代为男女通用是毋庸置疑的。在壁画中，男子戴着黑色幞头，身着蓝黑色圆领衫。

另外，传系河南偃师出土的四块北宋画像砖（现藏中国国家博物馆），王国维在《观堂集林·别集·古画砖跋》中曾认为是六朝以前物。后经对1955年偃师宋墓出土的妇女斫鲙画像砖、1958年河南方城北宋强氏墓出土的石方桌、1926年河北巨鹿北宋故城出土的木方桌形制，以及白沙宋墓的人物服饰形象等考证，已确认为是宋代画像砖。其中一块为妇女烹茶画像砖，一高髻妇女穿宽领短上衣，着长裙，系长带花穗，正俯身注视面前的长方火炉。炉上有一长柄带盖执壶。一块为妇女涤器画像砖，一高髻妇女着短衣长裙，系长带花穗，执巾作涤器状。面前有一长方桌案，制作精美，桌围下垂，桌上置各类器皿。一块为妇女结发画像砖，一高髻妇女，长裙略同烹茶妇女，胸前露出精细的斜格纹衬衣，足穿云头鞋。画像比例适度，姿态俊秀，生动传神。另外，还有一块为妇女斫鲙画像砖，一高髻妇女穿右衽上衣，服饰与上述诸像大致相同，腰系宽大斜格纹围裙，挽袖，露出臂上的长圈套镯（或称臂钏）。面前的高木方桌上置短柄尖刀一把。圆木菜墩上有大鱼一条，鼓鳃动鳍，栩栩如生。刀旁有一柳枝穿三条小鱼，形象也极为生动。妇女的脚旁有一盆水。桌下有一方形火炉，上置一双耳铁锅[12]。前三块画像砖上妇女所穿上衣均为对襟窄袖背子，下为长裙，右侧由背子中垂下穿系玉佩的绶。这可以说是典型的宋代妇女服饰。

另外，还有一点需要确定的是，这四块画像砖上的妇女头上似戴冠。安徽安庆棋盘山宋墓出土一种金片制成的冠饰，出土时发现在女性头骨附近。它的造型像是一个开启的河蚌，呈椭圆形，底部有一洞，两头各有一个穿孔，通体錾有精致规矩的缠枝花纹。从外观来看，此冠曾嵌有珠宝，可惜已经脱落。整顶冠体宽 12.5、高 5.5 厘米[13]。这样的冠与偃师画像上妇女头上的装饰形状完全一致，而且在宋画《瑶台步月图》、山西太原晋祠圣母殿彩塑等上也多处出现。当然，如果说它是高式假发髻，亦无不可，因为五代妇女所戴的义髻也有些与此相似。这种义髻在江苏南京南唐二陵出土陶俑上可以见到，新疆吐鲁番唐墓出土物中也有发现。只是如将两者仔细区分的话，形状上还是更像冠子[14]。

另外，北宋木板画雕板上也留有女性服饰形象。如传系北宋巨鹿城址出土的两件北宋版画木雕版（现藏中国国家博物馆）。其中仕女像雕版之一长 59.1、宽 15.3、厚 2.3 厘米，枣木质。上雕一面容娴雅的女像，身穿宽大对襟长衣，双手交叉合掌上仰，所持之物已残，难以辨识。衣上有变形团龙纹饰，中间系一花结，右侧有两条对称的细长飘带。头戴花朵形饰物，粗腰肥躯，圆颊丰颐，具有唐代风格和特征。形象与新疆吐鲁番出土的纸本《树下美人图》、绢本《围棋仕女图》，甘肃敦煌发现的《引路菩萨像》有相近之处。仕女像雕版之二高26.4、宽13.8、厚2.5厘米，枣木质。上面雕一带有细花的大幔幛，中间下垂两条流苏。版面雕一排并坐戴冠（有扇形冠、圆形冠两种）的三女像，容貌端庄，衣服宽肥。中间端坐女像服饰与河南禹县白沙宋墓壁画中的女主人相似。幔幛左侧下端尚可隐约看出有楷书"三姑置蚕大吉"，右侧下端有楷书"收千斤百两大吉"。从画面人物形象及文字内容看，与后世的灶君神像、月神祃子等类似，疑是宋代民间供奉的蚕神神像雕版[15]。第一块版妇女头裹巾，这在宋代风俗画中较常见，而且衣着可能为窄袖长衫，衫上有团花，也可能为长衫外套长比甲。尽管比甲是明代之物，但宋人穿长坎肩的可能性不是没有，因为在其袖子上见不到团花。第二块版上中间妇女头上疑为髻，并未戴冠。根据现在的考证，这两块版一是年画版，二是供奉神像雕版。也就是说，其中的服饰有宋代的特征，也含有传承和想像演绎的成分。就真实程度来讲，不如供养人和墓主人像时代风格更为鲜明。

到了宋代，随着丧葬习俗的变化，特别是焚烧冥器习俗的兴起，墓中随葬俑骤然减少。出土俑人中以石俑为多。1971年2月，在方城县东10公里的金汤寨内西南高地上发现一座宋墓。墓中出土石俑十三件。其中女俑两件。皆梳高髻，朱唇。外着宽袖长衣，内穿袒胸短衣，袖手，下穿密褶长裙，裙长及足，露足，立于方座上。通高42厘米。女侍俑一件。梳双髻，扎红带。外罩宽领长衣，内着圆领内衣，腰系绦带，垂于腰后，下穿密褶长裙，露足。手捧着红布包裹的印玺，立于方座上。通高 35 厘米。男皂隶俑八件，其中导卫俑四件。一件头戴幞头，着内衣，外罩长袍，腰系红革带，带垂膝下，腹下系围裙，穿长裤，着靴，立于方座上。此俑双手上举，原或许执物，但现已无存。方座正面横刻有"宋范府君之导卫"铭文。通高 42 厘米。一件双手捧盆。另外两俑手中所执之物也已不存。从卫俑四件。一件头戴高檐巾，身着圆领右衽长袍，长袍前襟折在革带之内。内穿长衫，外罩红色齐膝衫，衫外垂带。胸前束红色革带，垂于背后。着长裤，足蹬靴。双手执伞，立于方座上。通高 42 厘米。方座正面刻有"宋范府君之从卫"，左侧面刻"尚千万岁"字样。另有三俑冠服相同，惟手执之物均已不存。仆侍俑一件。头戴圆领小帽，衣着与上述石俑略同，惟外罩长袍下部刻有花饰。此俑所执之物也已找不到了[16]。

明代俑人也有列队形式，以显示墓主人的身份地位。在诸王陵墓中，1970 年四川成都发掘的永乐八年（公元 1410 年）蜀王世子朱悦燫墓和山东邹县九龙山发掘的鲁荒王朱檀墓中出土的随葬俑群最具代表性。前者为釉陶俑，数量超过五百件。后者是木俑，总数超过四百件[17]。除王陵外，明代上海大族潘允澂墓出土了仪卫、侍从等木俑四十余个，高 20～21 厘米。其中包括乐俑十四个、仪仗俑四个。另有隶役俑十四个、侍吏俑两个、侍童俑两个、轿夫俑八个。另外，明代嘉靖年间吏部尚书廖纪的墓中也出土仪仗俑数十个。可惜的是，服饰形象比较单一，基本上是衙役装[18]。这种被称为皂隶公使的服饰，早在洪武四年（公元 1371 年）就有规定。一般是头戴圆顶巾，以黑色布帛为之，前高后低，左右各垂一束黑色流苏，也有插一根鸟羽作为装饰者，俗称皂隶巾。皂隶衣服，初期都用黑色。洪武四年定，"皂隶公使人皂盘领衫、平顶巾，白褡裤，带锡牌"。以后又有数次变制，如改服色为淡青，不准穿靴、戴尖顶帽等[19]。

至于明代石窟、壁画上的服饰，包括陵墓外的石雕翁仲服饰，已经出现明显的程式化倾向。天王服饰固定为唐宋戎装，释迦牟尼弟子迦叶、阿难披僧衣，菩萨戴冠、着长衣等，不再受明代服饰特色左右。

宋明服饰集汉文化之大成。因其时代距今较近，在地下墓葬中保留了大量实物。既有可以体现中国古代服饰制度的衣物，如明陵出土帝后皇冠、凤冠等，又有地方官吏和乡绅的官服与日常服饰。而考古发现的最大价值，是再现了这一时期中原地区的主要服饰品，并且反映出汉族服饰文化在历史发展中的变异。宋代不仅与汉唐气魄的恢宏有所不同，而且与周秦时礼制的严谨完备也有差异。宋明时期，理学昌盛，因而服饰整体思想是"存天理，灭人欲"，也就是简约的风格。同时，这一时期社会生产的分工更细，各种人物的身份、职业有明显区别，因而服饰形象的特色也更为鲜明。其矜持却又纤巧的风格，将中国封建社会的服饰发展到极致。这在宋明墓葬的遗物上有着丰富多彩的显现。

注　　释

[1] 陈国安《浅谈衡阳县何家皂北宋墓纺织品》，《文物》1984 年第 12 期。

[2] 福建省博物馆《福州市北郊南宋墓清理简报》，《文物》1977 年第 7 期；福

建省博物馆《福州南宋黄昇墓》，文物出版社 1982 年版。

[3] 镇江市博物馆、金坛县博物馆《江苏金坛南宋周瑀墓清理简报》，《文物》1977 年第 7 期。

[4]《新中国考古五十年》，文物出版社 1999 年版。

[5] 黄能馥、陈娟娟《中国服装史》，中国旅游出版社 1995 年版。

[6] 华梅《华夏五千年艺术·工巧集》，杨柳青画社 1993 年版。

[7] 周汛、高春明《中国历代妇女妆饰》，上海学林出版社、三联书店（香港）有限公司联合出版 1988 年版。

[8] 同 [5]。

[9] 同 [7]。

[10] 宿白《白沙宋墓》，文物出版社 1957 年版。

[11] 同 [7]。

[12] 石志廉《北宋妇女画像砖》，《文物》1979 年第 3 期。

[13] 同 [7]。

[14] 华梅《人类服饰文化学》，天津人民出版社 1995 年版。

[15] 石志廉《北宋人像雕版二例》，《文物》1981 年第 3 期。

[16] 刘玉生《河南省方城县出土宋代石俑》，《文物》1983 年第 8 期。

[17] 中国社科院考古研究所《成都凤凰山明墓》，《考古》1978 年第 5 期；山东省博物馆《发掘朱檀墓纪实》，《文物》1972 年第 5 期。

[18] 同 [6]。

[19] 上海戏曲学校中国服装史研究组《中国历代服饰》，学林出版社 1984 年版。

七

金元雄浑

辽、金、西夏、元是中国历史上几个少数民族政权。虽然在建立政权以后，极力推行符合本民族利益的制度（包括服饰），但史书记载其服装仍以华夏古制为正统。在国家祭祀大礼上的着装，以周代服制中的礼服为依据，甚至非常严格地执行周代服制。而在日常生活中，有时主张保持本民族特色，有时提倡汉化。有的朝代，如元代服饰制度则不甚严格。

因契丹、女真等族崇尚火葬，所以留下的墓葬不多，保留较好的则更少。所幸有几座墓的出土遗物，为今日的服饰研究提供了珍贵的实物资料。另外，敦煌莫高窟等处壁画中的人物形象，也可以印证古籍中的相关记载。

（一）墓葬出土的服饰品

1. 辽墓出土的皇族服饰与丝织品

（1）服饰

辽代陈国公主与驸马合葬墓中出土的服饰实物，是服饰考古的一项重要发现。

1986 年，由内蒙古文物考古研究所和哲里木盟博物馆共同发掘了位于哲里木盟奈曼旗青龙山的辽陈国公主与驸马的合葬墓。该墓下葬时间为辽开泰七年（公元 1018 年）。这座墓的墓主身份和下葬时间都非常明确，随葬物品亦极为丰富，而且

图五一 内蒙古哲里木盟出土辽鎏金银冠

保存完好，多为罕见的珍品。葬式也比较清楚，并随葬两套完整的规格很高的殡葬服饰。这些对于了解、研究契丹贵族服饰及葬俗，有着十分重要的意义。

墓葬中，公主和驸马头下各有一金花银枕。尸床上置两冠。一鎏金银冠在驸马头部右上方16厘米处，冠口倾向驸马（图五一）。一高翘鎏金银冠置于公主头部上方12厘米处，冠口朝向公主。两冠形制不同，但皆精工镂雕，其精致程度在辽代冠中极为少见。驸马之冠系用银丝将十六块大小不同的鎏金银片连缀而成。"银片以镂雕的几何形纹为地，玲珑剔透，每片边缘作卷云形，向上攒聚成如意形。冠正面缀有对称的鎏金银双凤及二十二件镂雕凤凰、花卉、宝珠的鎏金银圆牌饰。冠正面、侧面、后面錾刻凤凰、云朵，冠前正中錾刻仙人图像，冠后有状如莲花的立檐。公主之冠也用镂雕錾花的鎏金银片连缀而成，较驸马冠简单。冠顶圆形，冠口收束，口径小于冠的深度，两侧有立翅高于冠顶。冠正面和立翅上都镂刻凤凰和云纹"。

20世纪50年代以来，各地辽墓中也曾出土过一些冠，如库伦旗5号墓出土的鎏金铜凤冠，建平张家营子辽墓出土的二龙戏珠鎏金银冠，朝阳前窗户村辽墓出土的银冠等，但与此墓所出之冠皆不相同。驸马冠之后檐形状与莲瓣相似，但比实际莲瓣要大。据宋孟元老《东京梦华录》记载："正旦大朝会，大辽大使顶金冠，后檐尖长如大莲叶。"与这条记载比照，可以说描述得相当准确。

这种冠在《辽史》、《契丹国志》中均无记载，极有可能就是孟元老记录的辽大使"金冠"。只是孟元老所见是礼服所用真实的冠，而此冠为明器。公主之冠与法库叶茂台辽墓出土的高翅帽应属同一类型，但高翅帽是纱地绵胎，刻丝包边。此冠立翅较低且薄，是随葬的明器。

公主、驸马皆戴有金面具，"面具的眼、耳、口、鼻等处都不开缝或穿孔，只有瞳仁、双眉及额上一长条颜色与面具的金黄色不同，为淡黄色。公主的面具为双耳与面部连为一体，系一次制成。驸马的面具为双耳另制，用铆钉与面部连在一起"。面具按照人的脸形制作，男女各有特点。公主的面庞丰圆宽展，呈现出柔润的青年女性特点。驸马的颧部凸起，面容安详，突出男性的棱角。

"面具周围均有穿孔，用银丝系结于头部的网络之上。两人均着银丝网络，驸马的残朽严重，公主的较为完好。其编缀结构可分为头、双臂、双手及上身、下身、双足等部分。各部分别编织成形，穿戴卷裹在死者内衣之外，并用银丝将衔接处缀

图五二　内蒙古哲里木盟出土辽金花银靴

合，组成一个整体"。网络之外加外衣，束腰带，佩戴首饰等。

公主夫妇脚部网络外各套金花银靴。靴用薄银片锤成，分作靴勒、靴底两部分。靴勒用两片银片相合，下接靴底，用银丝缀合。靴勒上錾刻凤纹、云纹，纹饰鎏金。男女靴式样相同，但男靴略大。靴式与辽墓壁画中契丹人的靴基本相同，只是靴勒稍短（图五二）。

"契丹贵族为求保护死者的面容、尸身不致腐坏，有使用面具、网络等物的葬俗。这在契丹墓葬中已多次发现。如喀喇沁旗上烧锅 5 号辽墓出土面具、网络和靴垫；宁城县小刘仗子 114 号辽墓出土面具和靴垫；翁牛特旗解放营子辽墓出土面具和靴垫，新民县巴图营子辽墓出土面具和手足网络；察右前旗豪欠营 6 号辽墓出土面具和网络。上述网络和靴垫均为铜质，面具也多为铜质，个别的为银质，还有铜质鎏金的。陈国公主、驸马合葬墓中出土的面具却为金质，网络为银质，可见其殡葬规格之高，葬具之完备"。

陈国公主佩戴有金丝连缀琥珀耳坠一对，头旁还放置一对耳坠。这对耳坠各用金丝连缀十数颗大小珍珠及四个琥珀雕刻的鱼龙形船，船舱和摇橹人的耳、目及鱼龙的鳞、鳍等刻画细致入微。

契丹妇女有戴耳坠的习俗。据贾敬颜《路振承轺录疏证》记载：辽承天太后会见宋朝使臣时"冠翠花，玉充耳"，侍立者"皆胡婢，黄金为耳珰"。库伦旗1、2号辽墓壁画所绘契丹主妇和契丹装侍女均饰有耳坠、耳环。建平张家营子辽墓、建平砖碌科辽墓、锦州张扛村1号辽墓、朝阳前窗户村辽墓、察右前旗豪欠营2号辽墓、库伦旗奈林稿2号辽墓中亦皆出土有耳坠。质地为金、银、铜等，形态各异，但远不及陈国公主所戴的耳饰精美，这也显示了其身份的尊贵。

公主所佩珍珠项链，是将五百余颗珍珠用银丝分成五股穿合而成，下方正中间缀以琥珀圆雕。红白相间，色彩分明。

"公主、驸马均戴琥珀璎珞。公主的璎珞是用银丝将二百余颗圆形琥珀珠及琥珀圆雕、玛瑙管、金丝球等饰物穿成内外两串，自颈下垂至胸腹。驸马的璎珞亦分为内外两串，里面一串用银丝将一百余颗圆形琥珀珠及琥珀圆雕贯穿成单串；外面则用银丝将五百余颗椭圆形琥珀贯穿成七股，上下及两侧缀以精雕的琥珀佩饰。内外两串在上方连为一体，自颈间直垂至胸腹部"。其珠光艳彩，粲然入目。

项链与璎珞都是颈部的装饰，但璎珞既长且大，不适合草原上征伐射猎的生活，只能是贵族燕居或参加盛典时的装饰。契丹贵族佩戴璎珞的习俗应是受到外来文化的影响。璎珞传入契丹的时间，当在辽建国以后。五代时，耶律德光曾遣使向后唐明宗"为父求碑石，明宗许之，赐与甚厚，并赐其母璎珞锦彩"。璎珞传入契丹，亦应与佛教的影响有关，如庆州古城出土的辽代石刻菩萨、大同华严寺薄伽教藏殿内的胁侍菩萨胸前都饰有璎珞。锦州张扛村辽墓、赤峰大营子辽驸马赠卫国王墓、法库叶茂台辽墓中也有璎珞残件出土。这几座墓的年代皆属于契丹建国到圣宗时期。

公主双腕网络外佩两对黄金臂钏，"一对饰缠枝花，一对饰双龙。公主十指戴戒指十一枚（有一指上两枚戒指套叠在一起），驸马戴戒指六枚。均为金质，其上锤錾花卉，戴于手指网络之外。以往辽墓出土的戒指不多，金戒指更少"。此墓出土的金戒指多达十七枚，极为难得。

公主和驸马双手各握一龙凤琥珀圆雕，用金链挽于手背。这与法库叶茂台辽墓墓主手握水晶珠的葬俗相同，明显受到汉族葬俗的影响。

《仪礼·士丧》记载："握手用玄，纁里，著组系。"但古制为手握布帛、绢团，以后才逐渐变为手握珠玉或钱币。驸马左肘网络之外戴有一块乳白色椭圆形石片。表面微凸，边缘有穿孔，系以金链，长约10、宽约5厘米。此物不像装饰品，似有射韝（臂韝）一类物品的功用。

公主与驸马所束腰带形制不同。"驸马系金铸银鞢韄带，上佩银刀、银锥、银囊、琥珀双鱼形银佩、琥珀小瓶等。这件用银皮代替革鞓的腰带，当是为下葬特制的明器。公主所束之带已腐朽，但有残余的丝织品，原应为丝质。清理出八块金带铸，每块长11.8厘米，上錾云龙海水，竖立并排列于公主腰后下方左右两侧。根据带铸的位置推测，原为一条大带。公主腰间还佩有琥珀柄铁刀、镂雕金荷包、錾花金针筒和琥珀双鱼形盒等"。据《宋史·王旦传》记载："有货玉带者，弟以为佳，呈旦，旦命系之，曰：'还见佳否？'弟曰：'系之安得自见？'旦曰：'自负重而使观者称好，无乃劳乎！'呕还之。"说明宋代的腰带有铐在后，"陈国公主所束之带亦是带铐在后，与宋制相同。在公主和驸马胸腹间网络上，佩有玉、玛瑙、琥珀、水晶等精雕的鱼、虫、鸟、兽等佩饰五十余件，多为死者生前玩好之物"。

自太宗会同年（公元938～947年）以后，契丹受汉族文化的影响逐渐加深，原来简朴的葬俗渐为豪华奢靡的厚葬之风所取代。这在契丹贵族墓葬中表现较为普遍，陈国公主、驸马合葬墓内丰富的随葬品即为明证[1]。

（2）丝织品

关于丝织品，陈国公主、驸马合葬墓中出土的丝绸也包括了织、绣、描等各种工艺，可以将其作为服装面料加以研究。在很长一段时间内，人们所知的辽代服装面料只有辽宁法库叶茂台出土的零星资料。

90年代以来，赤峰大营子的辽赠卫国王墓和解放营子辽墓等内蒙古境内辽墓丝绸的出土逐渐引起人们的注意。另外，巴林右旗辽庆州白塔塔顶天宫、巴林左旗大康二年（公元1076年）墓、哲盟小努日木辽墓等亦有精美的丝绸遗物发现。特别要提到的是1992年内蒙古赤峰阿鲁科尔沁旗罕苏木苏木朝克图山上发现的耶律羽之墓。内蒙古考古研究所等对其进行了抢救性发掘，发现了大量的丝织品。其品种齐全、图案精美，具有极高的研究价值。

在耶律羽之墓中发现的团窠和团花图案的丝织物数量极多。"已见诸简报的有团窠卷草对凤织金锦、绢地球路纹大窠卷草双雁绣、黑罗地大窠卷草双雁蹙金绣、罗地凤鹿绣、描墨团莲花纹绮、绫地描金团窠仕女、卷云四雁宝花绫、簇六宝花花绫等，基本上属于团窠或团花图案的范畴。团窠和团花图案在出土丝织物中所占比例如此之大，确属罕见。这显然是对唐代团窠和宝花图案的直接继承，但从其主题纹样、环形纹样、宾花纹样以及排列位置来看，又能发现其中新的变化"。

团窠又称团科，是唐宋丝绸中一种较为常见的图案形式。唐代文献中有独窠、两窠、四窠等绫的名称，宋代织锦中有大窠之名。金代官服用大独科花罗和小独科花罗，均是指四窠图案。

《宋本玉篇》云："穴中曰窠。"因此，窠"是一个主题纹样的外围，是一个相对独立和封闭的单元，窠中应有其他主题纹样。而'团'字仅表示这种主题纹样的适合范围是圆形。因此，团窠的原意是指一种由环形纹样形成的圆形区域中设置主题纹样的形式。在唐代，团窠成为一种将圆形主题纹样和宾花纹样作两点错排的图案形式的通称"。而与此相似的具有圆形外观的花卉图案，在一般情况下称团花（俗称皮球花）更为合适。

鸟类作为团窠或团花的主题纹样在唐代较常见，如鸾凤、孔雀、衔绶鸟等。"而在辽代似乎多为凤凰和大雁。凤凰的造型有两种。一种是立凤，外形与唐代相去不远，一足举起，重心后倾，凤尾较大，造型夸张，两两相对站立，是典型的轴线对称图案。另一种为飞凤，是辽代装饰图案中十分常见的形象，墓中出土的团窠对凤织金锦就是一例。它是由两只展翅飞翔的凤凰组成的团形图案，首尾相对，即两凤的造型相同、方向相反。这是一种圆心对称图案，在民间称为喜相逢形式。这种形式的丝绸图案在唐代已经出现，至辽代大为流行。大雁是辽代北方民族特别喜爱的图案题材。唐代虽然也有大雁用作丝绸图案的记载，但出土实例较少。而辽代所出丝绸中大雁图案所占比例很大（表示雁南飞之志），几乎凡有丝绸出土的墓葬中都能发现。以上两件大窠卷草双雁绣中的双雁均沿轴线对称，以金线绣出，故两雁体较为简洁。其昂首挺胸，双翅微展，一腿蜷起，一腿直立，颇有风度。而另一件卷云四雁衔花绫中的四雁则为飞雁，雁首同向圆心衔花，形成既是轴线对称又是圆心对称的图案。这在赤峰解放营子发现的团窠联珠四雁锦上亦可见到，说明在当时团窠和团花主题纹样中，有多种对称形式出现"。

团花纹饰中虽然还有图案化的宝花纹样，但更多的则是写生味道极浓的新型团花。此外，在团花图案中还出现了圆心对称的喜相逢形式。这种喜相逢的圆心对称形式特别适合表现写生风格的花卉图案。

环形卷草的风格较多地继承了唐代卷草团窠环的传统，但可以明显地看出辽代的卷草更加自由生动，气势更大。此外，团窠环与窠内纹样的界限也逐渐不清，这可能是受到唐代晚期丝绸花鸟图案中穿花式纹样的影响。

另外，关于图案的排列及宾花，前文提到的卷云四雁衔花绫采用的虽是传统的团窠排列形式，即主题纹样与宾花纹样两点排列，但由于其宾花较大，主、宾之间空间很小，已几乎失去了团窠的感觉和效果。

除此之外，"几乎所有团窠和团花图案均采用主题纹样直接两点错排的排列方法。具体地又可分为三种形式。一是在素地即没有任何地纹的情况下进行主题纹样两点错排，如团窠

卷草对凤织锦，素地无花，主题纹样相距甚远，十分清楚。绝
大部分当时的团窠和团花图案均作如是排列，如绫地描金团窠
仕女、描墨团莲花纹绮等。二是在满地球纹之上布置两点错排
的主题纹样。北宋《营造法式》卷三十二小木作制度图样中记
载的球纹图案，有普通球纹和簇六球纹之分。前者为四圆相
交，形如连钱；后者为三圆相交。耶律羽之墓中出土的绢地球
纹大窠卷草双雁绣用的是普通球纹，在遍地球纹之上再置以两
点错排的团窠双雁。此外，墓室石门彩绘的球纹团窠双凤也如
出一辙，这种形式应是后世'锦地开光'图案的源头。三是采
用宾花，即在含主题纹样的间隔中布置宾花，宾花是写生式，
随空间而布置，这样形成的最终效果是呈六边形或龟背形的花
卉带，与簇六球纹相近，可称簇六团花，如所出簇六宝花花绫
即属此类。这种形式的图案多见于宋元时期的丝绸品，目前在
辽代耶律羽之墓中是最早的发现"[2]。

耶律羽之是辽太宗的皇族成员，其墓出土的丝绸反映了与
中原丝绸织造技术的交流。其中彩绣、蹙金绣、泥金和描墨等
工艺手法，不仅说明当时服装面料种类的丰富，也反映了辽代
服装力求精美的民族服饰风格。

2. 金、西夏墓出土的男女服饰

1988 年，黑龙江阿城巨源乡城子村金齐国王完颜晏夫妻
合葬墓出土"太尉开府仪同三省事齐国王"银牌，明确了墓主
人的身份。他卒于金大定二年（公元 1162 年）。墓中出土多件
服饰。在当时金人崇尚火葬习俗的情况下，这些出土物成为一
批罕见的实物资料。

墓中发现男、女墓主人有多层套、多式样服饰，男性穿着
八层十七件，女性穿着九层十六件。这些丝织品种类有绢、

绸、罗、锦、绫、纱等,图案主要为夔龙、鸾凤、飞鸟、云鹤、如意云、团花、忍冬、梅花、菊花等,服饰种类有袍、衫、裙、裤、腰带、头巾、冠帽、鞋、袜等。其缝制针法灵巧多变,颜色富丽多彩。除服装外,还有玉天鹅、金项链、金锭、金耳环、金鞘玉柄刀、竹杖等[3]。这些服饰品和服饰随件被考古界称为孤品,填补了中国金代服饰实物的空白。完颜晏,女真名斡伦,是金太祖完颜旻(即阿骨打)的堂弟,生前封太尉、齐国王。城子村是他的故乡和封地。该墓墓主是地位较高的皇室贵胄,陪葬品极为精美且又未遭到任何破坏,这在考古工作中是非常难得的,故而有人称之为"塞北的马王堆"[4]。

墓中出土一件紫地云鹤金锦绵袍,长142厘米,深褐色地,有较大型金花图案,单元图案之间相隔较远。窄袖,下摆

图五三 黑龙江阿城出土金褐地金锦绵袍

图五四　黑龙江阿城出土金罗地绣花鞋

宽敞，立领大襟左衽。另一件为褐地翻鸿金锦绵袍，长 135.5
厘米，均为小图案，排列较密。里子为黄绸，一块料连同领缘
也是大襟左衽（图五三）。还有一件褐地朵梅鸾章金锦绵蔽膝，
长 86.5 厘米，两边各缝有四根土黄色带子。另有一双罗地绣
花鞋，制作非常精美，长 23 厘米，鞋头略尖，看样子像是女
鞋。鞋面上下分别用驼色罗和绿色罗，上绣串枝萱草纹。麻制
鞋底，鞋里衬米色暗花绫。此鞋和同出的数十件男女纺织品服
饰皆做工讲究，并显示出浓厚的北方民族艺术风格。这些可以
说是金代贵族的服饰精品（图五四）。

　　关于西夏的衣服面料实物，1975 年宁夏银川西郊西夏陵
区 108 号陪葬墓室中曾出土一些丝织品残片，其中有正反两面
均以经线起花、经密纬疏的闪色织锦，有纬线显花空心工字形
几何花纹的工字绫，还有新品种异向绫。异向绫摆脱了一般绫
织物单向左斜或右斜的规则，而为左斜和右斜对称地结合起
来，巧妙地织成隐约的 S 形斜纹。工字绫是在斜纹的组织上起

空心工字形的几何图案花纹。这座墓中工字绫表面还残留有敷彩和印金粉的痕迹，可以设想当年曾在花纹上印制金粉图案，因而更有一番斑斓绚丽的效果。茂花闪色锦是将不须染段用物包扎，用线绕紧，再浸到染液里染色。两端染液渗透比较慢，形成由浅到深逐渐显色的自然花纹。虽工效很低，但由于色调层次丰富，极具装饰效果，当时产量可观[5]。1976 年，在内蒙古黑水城遗址以东 20 公里的老高苏木遗址出土的穿枝牡丹纹和小团花纹丝织品及牡丹纹刺绣残片，作风写实，具有民间特点，与宋代装饰艺术风格一致。

3. 元墓出土的服装与织物

1976 年 11 月在元代集宁路故城，位于内蒙古集宁东南 30 公里的察右前旗巴音塔拉乡土城子村发现一处窖藏，内有服饰品及残损丝织品等。发现的丝织物，皆装在大瓮中。瓮高 78 厘米，内有八件完整的丝织物，其余的均多残损。这批丝织品有些已褪色，如红色褪成棕色，紫色褪成褐色，但光泽、弹性和抗叠性仍比较好。据称：其中一件印金夹衫，衣面用棕色素罗织物，为四经相纠纱罗。夹衫直领对襟，前襟长 59、后背长 62 厘米。前襟镶贴边，贴边为长 2.5～3 厘米的花纹织物条，上织蔓草小花，凸板印金圆形冰裂图案花纹，直径 8～9 厘米。袖短肥，袖长 43 厘米。夹衫衬里为米黄色素绢。另一件印金提花长袍，天蓝色地、斜纹提花绫。袍用两匹提花绫裁剪，都是缠枝牡丹花。衣料上印制的金花，每朵 2×2.3 厘米，八朵为一组。每组有牡丹、莲花、菊花和草花等。长袍为交领左衽，领长 17、宽 6 厘米，通长 126、上摆宽 70、袖口宽 17.5、腋下至肩宽 35、袖长 76 厘米。袖口镶 4 厘米宽的贴边，大襟镶 2 厘米宽的贴边，都是花纹织物，上织缠枝草叶纹。有一件保存完整的绣花夹衫，"织物为棕色四经相纠素罗，经纬密度每平方厘米 60×16 根。广袖直筒状，后背用两幅织物拼接。前襟上部用棕色素罗贴边，衣领及前襟下部用纱地挖花织物贴边，前襟上有两个用来系带的花形纽。衬里为米黄色绢，也是两幅拼接而成。其刺绣手法，似现在苏州刺绣针法，以平针为主，并采用打籽针、稀切针、辫针、抢针、鱼鳞针等。夹衫上刺绣的花纹图案多达九十九个，花型大小不同，其中最大的在两肩及前胸部分"。最大的一组长 37、宽 30 厘米，"主题为一对仙鹤。一鹤伫立，一鹤飞翔，鹤旁衬以水波、荷叶、粉莲以及灵芝、野菊、水草、芦苇，天空飘着云朵。夹衫上还刺绣有凤凰、野兔、角鹿、彩蝶、双鲤、乌龟、鹭鸶，花草有牡丹、幽兰、灵芝、百合、牵牛、竹叶等等"，其中尤以牡丹花最为生动。而表现人物故事的图像，颇为引人注目。一女子盘坐于莲池旁的柳树下，凝视池中戏水的鸳鸯；一戴幞头的男子，倚坐于枫树之下；一女子骑驴扬鞭驱行于山间枫树林中；还有一幅表现闲暇生活的湖舟图。这件绣花夹衫的刺绣内容丰富，制作工艺水平高超，是元代服饰精品。

另有两只绣花丝鞋，是"用提花罗和素绢制成。一只前脸尖细，后跟特宽，鞋面用不劈丝的色线绣缠枝莲，后跟下部绣网纹和云头纹，长 21 厘米。另一只仅存后半截，鞋面一侧绣蝶恋花，另一侧绣海棠花，后跟下半部绣流云纹"。

而似为衣上装饰的两条丝织带已残，其中一条印金素罗残带，为褐色四经相纠素罗织物，经纬密度为每平方厘米 64×19 根。金花有牡丹、祥云、草花等，带夹层，背面有墨书字迹，已不清晰。另一条印金绢残带，为米黄色平纹绢，经纬密度每平方厘米 46×38 根。其上金花有荷花和祥云等，当为衣服上的镶边。

除成形的服装外，还有一些丝织物。如印金素罗残片，为褐色四经相纠素罗，经纬密度每平方厘米为 80×20 根，上印 2×2.3 厘米的长方形金花，有牡丹、菊花、兰花、梅花等。

印金织物均为提花绫和纱罗组织，而且都是先在织物上印就金花，而后剪裁缝纫的。其印金方法，"是在雕刻图案花纹的凸板上涂金，直接印在织物上。也可能是在凸板上涂抹黏合剂印在织物上，然后直接将金箔贴在织物上，经过烘干或烫干，剔除多余的金粉或金箔，再加以修整，使花形光洁，最后添绘色彩"。再有的便是一些织物残片，有四件棕色提花织物残片，包括一小提花罗残片、一素绫残片、二提花绫残片[6]。元集宁路发现的窖藏服饰品及丝织物，有助于我们了解元代人服饰尚金的习俗。

《续资治通鉴长编》中仁宗"景祐三年（公元 1036 年）八月己酉"条中记：宋代有禁金服饰之令，但织造和穿着者仍然不少。金代帝后服饰已有间金、销金和缕金等多种工艺。据《金史·舆服志》载："宗室及外戚并一品命妇，衣服听用明金。"元代这类织物称作金缎匹、销金绫罗和金纱罗等等，制作时通常经过络丝、打线、缵纬、拍金、织染等工序。裁捻金线也是织金的一道工序，用这种金线与丝线组合编成的织物，就是《元典章》所称的金缎匹。而金缎匹又分金锦和金绮两种，元时常以此类织物赏赐功臣和宗室，史籍记载很多。

金锦或称金织文锦、金织文缎、金缎、纳失失缎。叶子奇《草木子》称："衣服贵者用浑金线为纳失失。"所谓浑金线也就是说全部用金线织成，故又可称金锦为浑金缎。"辽代的金锦曾在赤峰辽驸马赠卫国王墓及法库叶茂台辽墓发现过。拍金和销金应是丝织物编织后再行加工的。拍金又作箔金，近似现代通行的贴金。集宁路遗址出土的带有金花的丝织物，可明显地看出先在雕刻图案花纹的凸板上涂抹黏合剂，将花纹印在织物上，然后再黏贴金箔，待其干燥后加以修整而成。至于在织物上或衣服上的销金，当是包括了印金、描金、点金等手法。将抹有黏合剂的凸板花纹印在织物上，再撒上金粉，待其干燥后抖去多余的金粉。或是用黏合剂调配金粉，涂抹在凸板上，直接印出金花，这就是印金。若用金粉加黏合剂调配后，直接在织物或衣物上描绘花纹，也就是描金。若是撒成小点子，便是撒金或点金。福建福州北郊南宋墓出土的印金和描金花边工艺，在元代都可归纳为销金"。

　　有学者认为，浑金或深金花当指用织金工艺织成的金缎匹缝制的衣服。由于是用整幅缎匹裁剪，所制的衣服通身都有金花，所以叫浑金，史籍上所称的金质孙（质孙译汉语为"一色服"）、金锦纹衣、金织文袍、织金服和金绮衣等都属于此类。"所谓金答子，当系指在丝织物上装饰的块状金花，而此种金花并非用织金或销金工艺制作，是用拍金工艺制作的。《元史·舆服志》记，天子质孙服中有珠子褐七宝珠龙答子，百官质孙服中有大红明珠答子等，都属于高级的服饰。云袖带襕和金袖襕似乎是不同的衣服，前者系指在袖和襕上装饰云纹，后者应是指在袖和襕上装饰金花；前者有纹饰名而无质地名，后者有质地名而无纹饰名，疑此两名称系同一衣服的不同简称。如果这个推测无误，则是指在衣服上只有局部的金花装饰。集宁路遗址出土带有金花的织物，夹衫上的金花呈圆形团花，提花绫长袍上金花呈长方形。从衣服上的金粉分布情况来看，它的边沿接缝处还有不完整的金花，说明是用整匹织物剪裁的，而金花质地较密，光泽夺目，应属于拍金。这种整匹有块状金花的织物，就是史籍上记载的金答子。集宁路为下路，达鲁花赤及总管的品秩为从三品，其命妇服用的这件有金花的提花绫长袍应系金答子，是符合当时服饰制度的。因而可以肯定这批有金花的衣物与集宁路总管府有关"[7]。

江苏无锡元墓出土一批妇女服饰，共二十多件。其中有上衣七件，包括镶有阔边的对襟上衣及无边缘的短襦。衣服长度一般在71～86厘米，两袖通长152～170厘米，通以素绸或提花纹绸制成，出土时颜色已褪变成赭黄色。背心四件，长72～80、肩宽47～54厘米，对襟，下摆两侧开衩，领襟镶紫酱色绸边。裙子六件，长61～88、腰围140～164厘米，且有单有夹。夹裙皆独幅无折裥，单裙则在前面正中开交缝，其中的两件腰部两侧还缝有折裥。鞋两双。其中一双以回云纹绸制成。另一双以素绸制作，鞋头尖耸，鞋面缀一丝线编成的花结，中纳丝绵，鞋底用粗棉布制。另有套裤、钱袋等，均为妇女所用之物。

据墓志记载可知，墓主人是一贵族妇女，其夫是当地一个没有官职的绅士，卒于延祐元年（公元1314年）。这座元墓出土的服饰实物，可以反映出宋末元初江南地区中上层妇女的服饰特色[8]（图五五）。

另一处元代重要墓葬是山东邹县李裕庵墓。这里出土的刺绣衣物有刺绣裙带、袖边、鞋面，是六百多年前鲁绣在服饰上的反映。

一条裙带是用菱纹暗花绸制成。全长155、宽5厘米。绣在中部的图案全采用山东传统的衣线绣，有接针、平针、套针和打籽等针法，具有典型的鲁绣特点。如绣出一幅有三个层次

图五五　江苏无锡出土元背心

的画面。上部绣三朵云，两只凤鸟在云下翱翔，并用接针绣出一棵枝干虬曲的松树，用套针绣出一座玲珑的假山。山左有一老人，着长袍，拄杖远眺。山右有一株灵芝瑞草。山下用一条双丝线以接针绣出地面。中部绣一身着短装、头梳双髻的儿童。山上有杂草，水上有荷花和一水鸟，另有一水鸟在空中飞翔。裙带中间一段也是园林景色，但是以花鸟为主，假山、流水、树木和小草仅作陪衬。两条小鱼在水中，用一条线以接针绣出水波，自然而又和谐。天空中有白云及凤。构图疏密有致，安排得十分妥帖。

另一条裙带是用罗和绸两种不同质地的料子缝合的。"刺绣面积，中间部分长 34 厘米，两端各长 15 厘米。全带三组图案，皆是相连的梅花。在花的根部以辫绣套针，绣一座假山，并用接针绣出花梗。而叶和花瓣则采用加贴一层绸料的缀绣，使绣完的花朵富有强烈的立体感。在花心中还用了打籽的针法，绣成凸起的花蕊"，使花朵显得更加生动逼真。

李裕庵棺内墓主人穿着的第一层夹袍袖口用菱纹暗花绸镶边，在袖口上采用了套针、平针、接针的绣法。绣面前后分两组，前面一组绣出远近三个层次的画面。下层绣一仙童立于云端，右侧有花卉，云中有飞凤。

"中间一层有两个身着长袍的仙童，头扎双髻。上层绣了一处宫阙建筑，院中有一座歇山式的高大建筑物，两侧各有一仙童侍立，院后有松树，天空有飞鸟和流云。后面一组分为两层，下层有两个立于云端的仙童，上层有盛开的鲜花和飞翔的小鸟"。左袖口上绣面分为前后两组。前面一组也绣了三个层次。"上下两层，绣了两种不同的花朵。中间绣了两个面皆向右、左手持物的仙童。后面亦为两层，下层绣两个仙童立于云端。上层绣一座牌坊式的重檐建筑物，坊后有高大的垂柳，其上有飘动的白云和飞翔的小鸟。这件女夹袍比同墓出土的衣物新鲜整齐，不像是生前穿用过的衣物，很可能是专为死者制作的葬服，所以在袖口镶边刺绣的图案上"，出现死者祈求升天归化的神仙世界。

李裕庵墓出土的绣花鞋共两双，一双置于李裕庵棺内，"尖头，鞋底以辫绣的套针和平针绣一组荷花和水草。鞋面两侧各绣几只蝴蝶，鞋头绣有鲜花。鞋头接口采用网绣的针法，正中缀以丝线绒缕"。另一双在小棺内，残破得比较严重，鞋尖翘起，两侧各绣一束花朵。

邹县出土的几件元代刺绣，花纹苍劲雄健，质地坚实牢固。

"根据不同的内容和要求,还采用了辫绣、平绣、网绣、打籽绣等多种灵活的绣法。针线细密,整齐匀称。比较特别的绣法是在仅有1厘米左右的人物上,附加一根丝线,便显出人物面部的眉、眼、口、鼻和袍服上的束带、交领以及手中的拐杖"[9]。

辫线袄子是中国东北、西北少数民族的传统服式。河南焦作金墓中曾出土着辫线袄子、戴瓦楞帽的陶俑。这一配套服饰在元代时曾被普遍穿着。

1970年2月,在新疆乌鲁木齐市南郊盐湖南岸天山(当地俗称南山)下发现两座古代墓葬。其中一座经考古人员发掘确定为元代墓。墓中发现黄色油绢织金锦边袄子一件,"出土时尚穿着于尸体上,除前胸朽烂外,其余部分基本完好。衣长124、袖长(从袖口迄中缝)94、胸围88厘米。袄子以米黄色油绢作面,粗白棉布衬里,袖窄长,腰部细束。在腰部钉有三十道辫线,是用丝线数股扭结成辫,钉在腰部。在腰的右侧,每两根辫线并合成一根,有一细纽。由于腰部并不开衩,所以这种辫线、细纽都只是一种装饰"。《元史·舆服志》有辫线袄的记载,与这件袄子的形制可以互相印证。"袄子袖口、领、肩部有织金锦制成的边饰。下摆是由前后两大片油绢作面、棉布衬里的夹层交叠围成,在腰部收成细褶,底襟及开衩部分同样有织金锦边饰。由于前襟朽坏,如何开襟不明"。油绢是平纹组织,肩、领、袖及襟边等处织金锦,至今仍可见金线光泽。这些织金锦是从不同的织金锦上剪裁下来的小块,分片金及撚金两种。片金花纹为开光穿枝莲;撚金图案则有部分人像,似为菩萨头戴宝冠。

另外,此墓还出土棉布中单(衬袍)一件,上衣大部分已朽。下裳如裙状,腰部折裥,当中开衩。棉布裤一条,白色,已残，尚可复原，形制与现今中式便裤基本一致。裤腰宽约 6 厘米，夹层。中间钉一道皂红色织带。缂丝牛皮靴一双，出土时仍穿着于脚上。尖头圆底，靴筒高至膝。"以牛皮为里，缂丝作面。缂丝并非完整一块，而是用不同小块多件拼缝而成，有紫地粉花、绿花、绿地粉花等。图案内容有杨柳枝叶、海棠花、梅花，色彩鲜明，花纹自然生动。织造方法为通经断纬，比较简单"[10]。

就佩饰品的出土情况来看，这一时期也是收获颇丰。如辽宁建平张家营子出土的辽代凤形金耳环和同县砬砬科出土的辽代鱼形金耳环。其中张家营子出土的凤形金耳环，凤嘴衔花作展翅状，体空，系用两片合成。砬砬科出土的鱼形金耳环，鱼尾上卷作跳跃状。1974 年，辽宁法库叶茂台 7 号辽墓出土的水晶、琥珀项饰，悬垂长约 40 厘米。另外，还发现一副錾花金手镯。辽宁朝阳前窗户村辽墓出土一副鎏金的银质浮雕婴戏图金带，宽 6、尾长 13.7 厘米，上有七个儿童在嬉戏，工艺可谓精湛。

1974 年 12 月陕西临潼北河村金代窖藏出土的金步摇钗，顶端用锤镍和掐丝法制成一只口衔绶带的飞凤，下端分为两股，带有唐宋装饰风格。同墓出土一个银项圈，是用宽 0.5 厘米的银片环成三圈，一端以银丝绕合而成，未加装饰。同时出土一副银手钏，系用宽 0.9～1.5 厘米的银片环作两圈，一端另以银丝绕合而成。

1958 年 7 月，在吉林扶余出土金代金扣玉带一副，由十八块玉和二十九枚金钉固定于用黄绢包裹的革带上，带头装有带舌的金扣，中段挂一镶金海贝为饰，带尾为玉尾，玉质莹白，素面无纹。此玉带保存完好，为单尾式玉带，极为珍贵。在黑龙江阿城半拉城子金墓出土金带一副，全部带饰（铐）均以金片模压而成，分圆形、长方形、半月形，上有宝相花纹。在圆形铐下饰有扁环，是鞓鞢带向金铐带过渡的形式。1980 年，北京丰台区乌古沦窝沦金墓出土的一件径 6、厚 0.5 厘米的海棠绶带鸟透雕玉佩。1983 年，在黑龙江哈尔滨香坊金墓出土的一件径 3.8~7、厚 0.5~0.7 厘米的透雕绶带鸟穿花纹玉佩。其作风皆非常写实。吉林扶余西山屯辽金墓还出土装有一个带头的玉带。另外，黑龙江宾奥里米古城和绥缤中兴古城等金墓还出土了多副花叶形金耳环。

元代佩饰有山东嘉祥曹元用墓出土的银耳挖簪，素面无纹。西安玉祥门外出土的元代金镶玉人耳环，其上人物梳椎髻，穿大袖衣衫，神情飘逸，胸口及前襟下摆处有金丝作云纹装饰，背后有金丝曳一长带，弯曲为环。玉质洁白，高 3 厘米左右。1960 年，在江苏无锡南郊元钱裕墓内出土一对银叶镶琥珀耳坠，两颗透明的橘黄色琥珀，形如葡萄，晶莹可爱。在内蒙古土城子出土的一对金架嵌绿松石耳坠，玲珑新巧。另外，还出土两件金手钏，以金片环绕九圈，一端另以金片焊合成高 4.3 厘米、径 6 厘米的金钏。同墓还出土一对金镶琥珀柿形耳环。江苏苏州市郊元末吴王张士诚母亲墓出土的金素钏，以金片环绕四圈。同墓出土的一对金镯，镯身为联珠形，两头作两个龙头相对，其中一个龙头口中含着一颗金珠，形成双龙夺珠的形状，造型朴拙（图五六）。金的成色为 95%，重 690多克。同墓还出土一对金镶翠石耳环。这座墓里出土的金佩饰，由于金质精良，出土后仍光泽如新。此外，安徽安庆棋盘山元墓还出土了一副圈条较细的如一圈圈螺旋一般的银手钏。该墓曾出土双尾玉带。吉林扶余金墓、江苏苏州虎丘元墓曾出

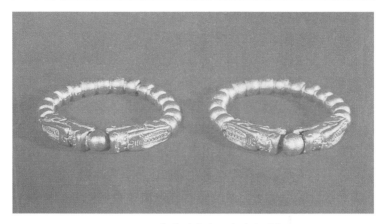

图五六　江苏苏州出土元龙首金手镯

土过单尾玉带。棋盘山元墓出土的玉带尾长 12.8 厘米，以铜片对折而成，表面鎏金。两面均有模压花纹，一面为菊花，一面为牡丹，周有缘边。同时，有便于夹住带鞓的内折毛口。虎丘墓出土的金带尾长 11、宽 8 厘米，上錾周文王访贤图。姜子牙坐在树下垂钓，山后停着文王的帷车，山水、花木、人物生动，工艺精湛[11]。

（二）墓葬遗物上的服饰形象

辽墓壁画的数量虽然不及汉唐墓壁画多，但几处墓葬壁画由于保存得完好，倒也愈显珍贵。

宝山辽壁画墓位于内蒙古赤峰阿鲁科尔沁旗东沙市日台乡宝山村。1994 年，内蒙古文物考古研究所对墓地内两座曾被盗扰的壁画墓进行了抢救性发掘，发现了重要的壁画遗迹。由于壁画内容主要为诵经、寄锦等，所以人物众多。其为后人留下了服饰研究的形象资料[12]。

宝山墓壁画上的女性服饰形象酷似唐代晚期发式衣着，当然也有发展变化。如发式较高，遍插饰件。从壁画上看，颜色为淡黄或柠檬黄，可能是描绘金饰件。这种头饰曾出现在敦煌莫高窟、榆林窟五代壁画上。宝山墓壁画虽人物众多，但服饰几近一致，主要为窄袖或宽袖衫，交领，领有缘边，如深蓝色上衣有大红领缘，橘黄色花锦衣有蓝色领缘或红色领缘，还有的是大红衫上有蓝红花、蓝黄花领缘。下装为长裙，裙腰虽不像唐女那样系至腋下，但又比五代时落至腰间的系法略高一点。裙子很长，垂在地面又拖出一片。足下没有唐女那样的高头履，裙下摆不见露出的履头。有的画面上女性全在及胸长裙外套大袖衫，衫长至踝，衫下仍能见到很长一段裙子。衫为对襟，款式很像唐周昉《簪花仕女图》中的大袖纱罗衫。只是辽墓壁画上的并非纱罗衫，不透明，而是呈现出很规整的花纹。如一伏案女子穿的就是红地黄六角花纹的长衫。另有绶带、帔帛等。壁画上显示主要为红、白两色。

宝山 1 号墓题记显示，墓主人名勤德，年仅十四岁，系"大少君"次子，下葬于辽太祖天赞二年（公元 923 年）。这是目前有纪年的辽墓中最早的契丹贵族墓葬。2 号墓墓主人为成年女性，下葬时间略晚。可以认为，宝山墓壁画上的人物服饰因画面采用传统故事题材，所以并不是反映当年现实生活中的服饰。

相比之下，1974 年发现的河北宣化下八里村辽代墓群壁画则记录下许多契丹服饰。河北省文物研究所于 1993 年主持了该墓群的发掘。墓群包括张氏、韩氏两姓的墓葬。村东北主要是张氏墓，发掘九座。墓主最早的是张匡正（公元 1093

年），最晚的是张世古（公元 1117 年），其余还有张世卿、张恭诱、张世本、张文藻。韩氏墓在村北，发掘一座，墓主人为韩师训。

墓中壁画内容丰富，有出行、散乐、备经、备茶、宴饮、听唱等，场景有汉装、契丹装门吏，以及各种不同装束的男女侍者和金刚、门神、五鬼、三老对弈、儿童跳绳、垂莲藻井等。壁画面积达 300 余平方米，保存较好，色彩鲜艳[13]。

由于宣化辽墓壁画以现实生活为主，所以人物服饰具有写实性。如男子都穿圆领长袍，头上裹巾帻或戴高脚、软脚、花脚幞头（戴花脚幞头的多为伎乐）。女子所穿中单和长袍都是直领左衽，头戴高装巾子。其中最与众不同的是契丹人的髡发习俗。如备茶图中既有成年男子，也有男童，头发都被有意剃去一部分，一般地是剃去顶部头发，仅留两鬓，发很长；或是自前额两分至鬓角，也是从鬓角处垂下。儿童发式有多种，或是顶部剃去，留一圈黑发；或是头顶前部留发，其余剃光；再有的便是后面剃去，前面留很多。结合传世《卓歇图》及库伦、河北张家口等处辽墓壁画上的人物发式，可以看出髡发有多种样式，而且契丹周边民族也有髡发习俗，只是几个民族在发式上体现出的服俗有异同（图五七）。

以髡发习俗而论，在东北、西北诸民族中，还是以契丹人为主。有学者专门对考古中发现的髡发现象进行过研究，认为契丹族是东胡的后裔，鲜卑别部之一。据《后汉书·乌桓鲜卑列传》称："乌桓者，本东胡也。""以髡头为轻便；妇人至嫁时乃养发，分为髻，着勾决，饰以金碧，犹中国的簂步摇"。"鲜卑者，亦东胡之支也，别依鲜卑山，故因号焉。其言语习俗与乌桓同。惟婚姻先髡头"。由此可知，乌桓、鲜卑都有髡

图五七　河北宣化辽墓壁画备茶图（局部）

发习俗，但乌桓妇女在婚配时要蓄发和分髻，而鲜卑人在婚配
时则要髡发。过去，人们对乌桓、鲜卑的髡发习俗缺乏形象的
认识，有关契丹族髡发、左衽的史料也不多。《宋史·宋琪传》

中记，宋琪从辽投奔北宋后说："渤海酋领大舍利、高模翰步骑万余人，并髡发左衽为契丹之饰"。宋琪所说虽有真实依据，但过于简单。沈括于宋熙宁年间出使辽国，对契丹风俗亦有所考察。其在《熙宁使虏图抄》中说："其人剪发，妥其两髦。"所谓剪发应指髡发。妥者堕也，意思是两鬓有垂发。这一则记载比较具体，但仍嫌不足。辽墓壁画上的契丹人形象，提供了关于其髡发、左衽的许多细节。此类壁画最早是在辽庆陵的东陵内发现的。辽庆陵位于今内蒙古昭乌达盟巴林右旗索博罗嘎乡王坟沟，包括辽圣宗、兴宗、道宗三个皇帝和皇后的陵墓。圣宗耶律隆绪的东陵内绘有一大群穿着不同服饰的文臣、武将、侍从和伎乐。人物的衣饰有汉服和契丹服。着契丹服的皆髡发，方式是剃光颅顶而保留四周的头发。20世纪50年代以来，随着"契丹的考古工作逐渐深入发展，先后发现过不少辽代壁画墓。契丹装束的人物像保存较好且人物形象清晰的有库伦旗1、2、6号墓，翁牛特旗解放营子和山嘴子墓，克什克腾旗二八地墓及敖汉旗北三家墓等。壁画所绘人物包括官僚、侍卫、奴仆、贵妇、侍婢和伎乐等。凡是着契丹装束的男子都髡发，只是式样不完全相同，有的仅剃去颅顶发，四周发下垂并向后披"；有的在颅两侧留两绺长发，自然下垂或梳辫下垂；有的剃光前颅中部，颅后发也自然下垂并向后披"。不过，通常见到的墓葬壁画或卷轴画上关于契丹人髡发习俗的资料，只绘契丹男子，至于契丹妇女是否髡发，以前并没有发现实例。豪欠营辽墓的女尸，首次提供了契丹妇女髡发的实例。女尸前额边沿部分剃去，其余头发保留，并将"颅顶部分头发用绢带结扎，带结位于颅顶偏后。另在左侧分出一小绺，编结成一条小辫，绕经前额上方再盘回颅顶，压在束发上面，和束发结扎在一起，耳后及脑后的长发向身后下披，垂过颈部。这样的女式发型，迄今在国内考古发掘中还是首次发现"[14]。

女真人的服饰形象在河南焦作西冯封村金墓壁画上也有发现。如外穿大袄子（亦可称长袍），里面上为左衽衫，衫下穿底摆宽大的多褶裥裙。这种裙有可能是《大金国志》中所讲的"用铁条为圈，裹以锦帛，上以单裙袭之"的襜裙。另外，还有侍女穿男装者，如穿着圆领或盘领窄袖袍，腰系抱肚，外束铐带或内有绅带，带头垂下。头戴金凤花幞头或垂双髻，额前贴花钿，脚穿乌皮靴。焦作金墓发掘于1973年，是考证女真人服饰的主要墓葬。另外，在辽宁昭乌达地区辽墓壁画上可看到穿交领左衽窄袖长衫、腰束绅带、足蹬皮靴的男子形象，以及下穿竖条长裙，裙长及踝，外套缘边对襟衫、襦的女子形象。在吉林库伦旗辽墓壁画上，有戴罩刺帽（因辽主查刺喜欢戴，转音为罩刺帽或爪拉帽），穿衫裙，腰带挂玉环组绶，手执铜镜的妇女形象。同墓壁画上还有戴貂皮帽的妇女形象。党项人的服饰，在西夏洞窟壁画、木板画等中的人物形象上保留了不少。"如莫高窟第109窟东壁西夏王及王妃供养像，西夏王像高167厘米，头戴白毡帽弁，穿皂地圆领窄袖团龙纹袍，腰束白革带，上系鞢韝七事，脚蹬白毡靴，手执香炉。身后侍从打伞撑扇，都戴白色扇形帽，穿窄袖圆领齐膝绿地黑小撮花衣，束鞢韝带，白大口裤，白毡靴。王妃鬓发蓬松，头戴桃形金凤冠，四面插花钗，耳戴镶珠宝大耳环，身穿宽松式弧线边大翻领对襟窄袖有祛曳地连衣红裙，手执供养花。这种衣裙与回鹘女装几乎完全相同。西夏与回鹘在军事、经济、宗教、文化方面关系密切"[15]。西夏王穿接近汉式的服装，因为他希望与中原皇帝平起平坐，而王妃穿回鹘装，则显示了她的民族传

统。敦煌莫高窟第 148 窟男女供养人为西夏高级官员。男戴有
檐小毡冠或扇形冠，穿圆领窄袖散答花袍，腰束绅带，绅带外
再束鞢鞢带，但不挂鞢鞢七事，脚蹬皂靴。女戴桃形金凤冠或
金花冠，广插簪钗，耳戴坠饰，穿大翻领窄袖宽松式回鹘裙
装。女子发式或宽鬓掩耳，或鬓发垂髻，余发皆披于身后。

安西榆林窟第 29 窟西壁南侧分上下两列画有女供养人，
上方三身有西夏文题记"女金宝一心归依"、"媳妇赖氏××一
心归依"等字样。"她们都戴尖圆形金冠，右边插花簪，耳垂
坠饰，云鬓广额，穿交领、领口镶宽花边、右衽、窄袖、左右
开褉的锦袍，袍内穿百褶裙，裙两侧和前方垂绥，脚穿翘尖
履，合掌捧供养花"。其服装就是党项人的民族服装。同窟西
壁北侧分上下两列绘男供养人，上列三身，前两身高 73.3 厘
米，第三身略低。西夏文题记说明是瓜州和沙州监军司官员祖
孙三代。他们头戴毡帽，身穿圆领长袍，前两身帽前有金花为
饰，腰有腰袱，腰带前有垂绅及地，脚穿皂靴。后一身腰间无
腰袱，帽前无金饰。身后随从三人，其中两人髡发，一人戴巾
帻。两人穿圆领齐膝衣、长裤，系绑腿，穿麻线鞋；一人穿圆
领长衫，腰束带，着皂靴。"安西榆林窟第 2 窟有一对西夏武
官和命妇供养人像。男戴毡帽，穿交领右衽袍，腰有腰袱、绅
带两端前垂、绅带外加饰有圆铃的鞢鞢带，脚踏乌皮靴。女
梳高髻、簪有钿花，左右双插步摇簪，耳垂坠饰，颈挂念珠。
穿交领右衽窄袖高开褉长衫，内衬中单，下穿百褶长裙，裙左
右两侧佩绥，前方绅带双垂，脚穿翘尖靴。此类男女衣着，与
1977 年在甘肃武威西郊林场西夏 2 号墓出土的彩绘木板画上
男、女侍者所穿衣着款式相类"（图五八）。"西夏劳动者，男
子一般穿短襦短衫，小口长裤，有的小腿束绑带，足穿草鞋；

图五八　甘肃武威出土西夏木板画

女子则穿裙形。安西榆林窟第3窟内室东壁南端千手千眼观音像法光两侧，画着非常写实的犁耕图、踏碓图、酿酒图。其中可见到西夏劳动者一般的着衣情况"。这些都是罕见的服饰资料[16]。

　　蒙古族服饰形象在甘肃安西榆林窟等处壁画和陶俑上也可以见到。比较典型的，如榆林窟壁画上有戴宽檐钹笠、穿翻折领小袖袍、脑后垂辫环的行香的贵族。敦煌莫高窟332窟元代壁画上也有戴折檐暖帽，穿窄袖袍、半臂，戴云肩，束玉銙带，着络缝靴的行香蒙古富人，腰带上挂着银麟牌。他身后还有戴钹笠、穿翻领袍的行香人。山西太原小井峪元墓壁画上有戴笠帽、束双根革带、穿低领袍的元代官吏形象。同墓还有戴毡帽、穿长衫的挑担者以及戴巾、穿交领右衽袍、束绅带的汉装服饰形象。在1982年发掘的内蒙古赤峰三眼井元宝山元墓壁画中，有墓主人在夫妇对坐图中戴后檐帽、穿交领右衽袍、腰束铐带、脚穿络缝靴的形象。后面侍者也着蒙古装，腰右侧还垂下佩绶。女主人则内穿左衽衫裙，外套对襟直翻领半臂。侍女也穿同样服饰。其他女性，如安西榆林窟元代壁画中戴顾姑冠、冠后有披幅、穿交领左衽袍的行香的贵族妇女。山西太原小井峪元墓壁画中有梳螺髻，穿交领左衽衫，衫内穿裙，裙带下垂的元代贵族妇女。

山西沁水元墓出土多件骑马俑。有的头戴折檐笠，身穿辫线袄，腰带上挂巾帕，脚穿络缝靴；有的头戴红缨钹笠，身穿窄袖袍，腰挂金牌，脚穿络缝靴；有的头戴大檐毡帽，上身穿貉袖旋袄，下穿裙裳，腰挂箭袋，脚穿靴；有的头戴结巾，身穿右衽窄袖袍，腰束鞢鞢带；有的戴胄披甲，脚穿络缝靴；有的穿对襟貉袖（旋袄），足蹬络缝靴。除此之外，西安湖广义园出土陶俑中还有戴大檐圆笠、穿交领小袖袍、腰间束带的男仆，以及梳双髻、穿交领左衽窄袖衫、胸襟有束带，衫下露出长裙、裙带下垂的女仆形象。江西曲江池西村元墓则出土有梳包髻、穿窄袖衫和长裙、外罩对襟半袖的女俑。而元大都出土的青瓷观音像已是满身璎珞，入世风格更为明显。

总之，古代少数民族的生活起居、衣冠饮食，都有自身的独特之处，原仅见于文字记载，而 20 世纪的大量考古发现，则为相关研究提供了珍贵的实物资料。

考古发现的辽金元服饰品，显示出中原汉族的服饰文化，对少数民族服饰的融合和渗透。而无论战国时推行的"胡服骑射"，还是盛唐时的窄袖袒领，也是少数民族服饰对汉族服饰发展的影响。这种融合使得我国成为"衣冠大国"。在统一的大文化背景下各放异彩，也成为该时期所有出土遗物的共同风格。

注 释

[1] 张郁《辽陈国公主夫妇殡葬服饰小记》，《文物》1987 年第 11 期。

[2] 赵丰、齐晓光《耶律羽之墓丝绸中的团窠和团花图案》，《文物》1996 年第 1 期。

[3] 《新中国考古五十年》，文物出版社 1999 年版。

[4] 于志耿《东北考古述略》，《社会科学战线》1997 年第 1 期。

[5] 华梅、要彬《新编中国工艺美术史》，天津人民美术出版社 1999 年版。

[6] 潘行荣《元集宁路故城出土的窖藏丝织物及其他》，《文物》1979 年第 8 期。

[7] 李逸友《读元集宁路遗址出土的丝织物》，《文物》1979 年第 8 期。

[8] 上海市戏曲学校中国服装史研究组《中国历史服饰》，学林出版社 1984 年版。

[9] 王轩《谈李裕庵墓中的几件刺绣衣物》，《文物》1978 年第 4 期。

[10] 王炳华《盐湖古墓》，《文物》1973 年第 10 期。

[11] 周汛、高春明《中国历代妇女妆饰》，上海学林出版社、三联书店（香港）有限公司 1988 年版；黄能馥、陈娟娟《中国服装史》，中国旅游出版社 1995 年版。

[12] 《中华人民共和国重大考古发现》，文物出版社 1999 年版。

[13] 同 [12]。

[14] 李逸友《契丹的髡发习俗——从豪欠营辽墓契丹女尸的发式谈起》，《文物》1983 年第 9 期。

[15] 黄能馥、陈娟娟《中国服装史》，中国旅游出版社 1995 年版。

[16] 同 [15]。

八

服饰研究

20 世纪是人类开始有意识地审视自身服饰演化历程的时代，也是科学研究服饰文化成就最为卓著的时期。

中国学者正式对服饰进行大规模研究是在 20 世纪 80 年代。由于 50 年代以后考古工作快速发展，使得服饰研究有了更为可靠的依据，从而掀起了蓬勃的学术研究浪潮。

（一）20 世纪前半叶服饰研究

就重大考古发现而言，20 世纪前半叶当以河南安阳殷墟、甘肃敦煌莫高窟、新疆尼雅和北京周口店等最为重要。但其间发现的服饰资料实物不多，主要研究对象为甲骨文上的衣、桑、丝等象形文字，还有在敦煌藏经洞发现的大量写本文书和彩塑、壁画上较为确实的服饰形象及服饰民俗。在新疆尼雅遗址，男、女墓主人都身着丝绸服装，而且女性有奁具，奁具内藏有粉袋、木梳和铜镜等。同时，在楼兰遗址出土的盒子等日用品上也发现了戴面具的戏装舞人等形象。另外，在仰韶、齐家、马厂、辛店、寺洼等文化遗址中出土的彩陶上，也发现了戴耳环、穿贯口衫的服饰形象。这一时期极为重要的发现，是北京周口店山顶洞人遗址出土的饰品和骨针等。

20 世纪上半叶部分有关考古的书籍，或多或少地也涉及了服饰考古的内容。如 1923 年罗振玉著《莫高窟石室秘录》；

1927 年李济著《西阴村史前的遗存》，由清华学校研究所印行；同年，牟里著、法国人伯希和附著、冯承钧译《东蒙古辽代旧城探考记》作为尚志学会丛书之一，由商务印书馆发行；1929 年，德国人米海里斯著、郭沫若译《美术考古学发现史》由上海乐群书店发行；同年，李济主编、国立中央研究院历史语言研究所组织撰写的《安阳发掘报告》发表；1931 年，日本人羽田亨著、郑元芳译《西域文明史概论》由商务印书馆发行；1935 年，向达译《斯坦因西域考古记》由中华书局发行；1936 年，李济主编的《田野考古报告》在商务出版社发行；1941 年，《故宫博物院旧藏古物整理目录》由中支建设整备事物所发行；1942 年，张道藩主编、常任侠编著的《民俗艺术考古论集》在正中书局印行。除此之外，商务印书馆还发行了多部考古书籍，如东方杂志社编的《考古常规零简》；法国人色伽兰著、冯承钧译，作为尚志学会丛书之一的《中国西部考古记》；胡吉卢著《西康疆域溯古录》；法国人沙畹著、冯承钧译《中国之旅行家》等等。

这些涉及服饰考古的著作中有关服饰的描写和论述，有的是针对实物，写得很具体。例如《西阴村史前的遗存》一书中有发现的服饰类实物照片，并述及所发现的骨簪、角锥、陶纺轮和骨针等，其中有两支骨簪，照片上清楚地显示出只剩下了半支。残破的骨针已经没有孔眼，一长 8.4 厘米，一长 7.5 厘米。有的是描述壁画、雕塑人物的服饰，如《斯坦因西域考古记》中写道："供养者同他们的女人所给的特别兴趣是绘画如生，尤其是他们的服装。男人的高而带尾的帽子，是唐以前不久时期雕刻上的样式。同样的特色是女人穿长裙，着长紧袖的衣服，留着平式的头发。""面部及姿态都庄严地表示虔诚。折叠的裳、高而宽的背子、简单的头饰和悬在头部的小髻，都是一种很早的样式"。"其中有两个华贵的乐师昂首前进，一个吹笛、一个吹笙。身体的曲线和飘荡的衣服，显出一种韵律动作的感觉，同全篇异常和谐"。以上文字是该书中第十四章"千佛洞所得之佛教画"中有关服饰的记述。另如由文求堂出版，傅芸子著《正仓院考古记》。其对中国文物上的服饰形象，也有较详尽的记述。如提到"夹缬"时说："夹缬为盛唐流行之一种染色工艺，法以二板镂同样图案花纹，夹帛染之，并可施以二三重染色，染毕解板，花纹相对，左右匀整，色彩宜人。原田淑人博士考此，据《唐语林》言：玄宗时柳婕妤之妹创此，始秘终传。实则隋大业（公元605～618年）中，炀帝已有'五色夹缬花罗裙'之制。当时流布臣间，必为不少。柳婕妤之妹恐系悟得其技巧，因此传世耳。开元九年（公元721年）安禄山献俘入京，玄宗亦有'夹缬罗顶额织成锦簾之赐'，其为珍品可知。"另外，书中还有"四女皆唐装，摘花者窄袖着半臂，纯为胡服"的描绘。尽管这些有关服饰的文字资料不是非常详尽，又经转译，但作为20世纪前半叶的著述，还是非常有价值的。这些作者以专著和考古报告的形式，记述了当时的考古情况以及当时人对出土服饰形象的认知程度。

不直接取自于田野考古资料，但是专门就服饰问题进行考证的文章，屡见于20世纪前半叶，如易文撰《女性美变迁考》，载于1935年8月的《东方杂志》（第32卷第15号）上，文中专设章节论及"马甲、缠足及其他"、"女性美与衣服的关系"、"彩色刺青伤痕的美"等，都是从文化的高度上去考证服饰历史和现状。另有项楚人撰《野蛮时代的装饰及其流传》，载于1915年3月的《妇女杂志》（第12卷第5号）；林语堂夫

人撰《十九世纪的中国女性美容术》，载于 1944 年 10 月的
《新女性》创刊号；韵倩撰《唐代女子化妆考》，载于 1910 年
8 月的《小说月报》（第 1 卷第 2 期）；黄华节撰《眉史》，载
于 1932 年 11 月的《东方杂志》（第 29 卷第 5 号）；《黛史》，
载于 1933 年 1 月的《东方杂志》（第 30 卷第 1 号）；《染指甲
的艺术》，载于 1932 年 4 月的《东方杂志》（第 29 卷第 7 号）；
黄石撰《胭脂考》载于 1931 年 4 月的《妇女杂志》（第 17 卷
第 4 号）；苏乾英撰《中国辫子史》，载于 1934 年 2 月的《东
方杂志》（第 31 卷第 3 号）；钱华撰《宋代妇女服饰考》，载于
1936 年 8 月《中国文学会集刊》（第 3 期）；左君撰《缠足琐
谈》载于 1944 年 1 月的《女声》（第 2 卷第 9 期）；贾仲撰
《中华妇女缠足考》，载于 1924 年 10 月的《史地学报》（第 3
卷第 3 期）等。这些文章资料翔实，论证有力。不仅在当时，
即使今天依然能令人感受到一种清新的学术观念和严谨的研究
作风。

除此之外，还有钱智修《世界妇女美观之异同》发表于
1915 年 1 月的《东方杂志》；王维《唐代妇女的化妆术》发表
于 1940 年 11 月的《妇女杂志》；童书业《唐代女子"红妆"
考》、《唐代妇女的围巾"帔帛"考》、《唐代妇女的西装》、《唐
代的舞与胡式女舞衣》分别发表于 1947 年 10 月的《中央日
报·文物周刊》；皓龄《石黛考》发表于 1935 年 8 月的《人间
世》34 期；黄现璠《中国发装考略》发表于 1937 年 7 月的
《经世半月刊》，《中国男女元服之研究》发表于 1934 年 1 月
《国立中山大学师范学院季刊》；秋宗章《辫子经》发表于
1936 年 8、9 月的《逸经》第 12 期和第 13 期；徐家珍《堕马
髻》、《高髻（飞髻、回纥）》、《假髻（假髻、假头、义髻）》、

《双髻（唐代妇女发髻谱)》、《蝉鬓（蝉鬓、薄鬓、云鬓)》、《椎髻（椎髻、抛家髻、囚髻)》、《杂髻发（宝髻、云髻、凤髻、闹扫妆髻、乌蛮髻、盘桓髻)》以及《唐代的胡式女袍》、《"袜"的演变》等分别发表于 1947 年至 1948 年的《中央日报·文物周刊》；李思纯《中国历史上边疆民族发式考》发表于 1943 年 9 月《民族学研究集刊》第 3 期；鸿斋《辨中国古代女子蔽面的风俗》发表于 1948 年 1 月 21 日《中央日报·文物周刊》；克士《关于妇女的装束》发表于 1934 年 10 月《东方杂志》；程枕霞《中国历代服饰之沿革考略》发表于 1943 年 4 月《新民报》；徐益棠《汉族服饰之演变》发表于 1942 年 3 月《学思》第 1 卷第 5 期；许地山《近三百年来的中国女装》于 1935 年 5 月至 8 月发表于《大公报·艺术周刊》；张宝权《三百年来中国女子服饰考》发表于 1943 年 5 月的《新东方》第 7 卷第 5 期；天笑《六十年来妆服考》发表于 1945 年 6 月至 7 月的《杂志》；贺昌群《唐代女子服饰考》发表于 1935 年 1 月的《大公报·艺术周刊》；尚秉和《裤子考》发表于 1933 年 8 月的《国闻周报》；尚节之《鞋考》、《周以来妇女足服考》、《木屐考》、《袜子考》、《古上堂脱覆赤足考》等分别发表于 1933 年的《国闻周报》；傅振伦《妇女缠足考》发表于 1936 年 10 月的《新苗》；李一秉《从金莲说到高跟鞋》发表于 1931 年 5 月的《妇女杂志》；不凡《结婚戒指的起源》发表于 1938 年 3 月的《女铎月刊》等。

在服饰考古尚未大发展的 20 世纪前五十年，中国学者已经开始着手进行古代服饰的考证与研究了。这为 20 世纪 80 年代大规模的服饰研究奠定了坚实的基础。

（二）20 世纪后半叶服饰研究

20 世纪的后五十年，是我国服饰研究的发展时期。田野考古中服饰实物出土颇丰，如江陵楚墓、长沙汉墓中都有服饰及丝织服装面料等大量出土，这一点无疑是可喜的。

1981 年，中国社会科学院历史研究所沈从文先生编著的《中国古代服饰研究》一书出版。作者原系著名文学家，从 50 年代开始致力于文物研究工作，掌握大量第一手的考古资料，曾发表过许多有关出土遗物、工艺美术图案、物质文化史方面的文章。这为研究中国古代服饰准备了先期条件。其文稿编撰始于 1964 年，完成于 1979 年初。在恢复正常文化研究秩序时，这部书率先推出，无疑在 80 年代服饰研究高潮中起到开先河的作用。

1984 年 4 月，上海市戏曲学校中国服装史研究组编著的《中国历代服饰》出版。这部书以图版为主，文字相对较少。周汛和高春明以后又合作出版多部服饰研究著作。其中以《中国历代妇女妆饰》和《中国历代衣冠服饰大辞典》影响最大。这几部书都侧重于考证，以各大博物馆和考古工作队的服饰实物资料为基础，内容严谨。

1984 年 9 月，上海戏剧学院周锡保出版《中国古代服饰史》。他集数十年来从事中国古代服饰教学科研的成果，结合民俗起居，系统地阐述了中国服饰的形成以及演变过程。

以上三部服饰史专著是 80 年代初期推出的服饰研究力作。在此之后，随着全国各地服饰院校或服饰专业的设立，各种服饰研究著作应运而生。

1989 年 7 月，拙著《中国服装史》为适应高等院校服饰专业必修课教学而出版。书中未设彩图，但以较准确的摹绘手法再现了中国历代服饰的发展史。

1994 年至 1996 年，黄能馥、陈娟娟的《中华服饰艺术源流》及《中国服装史》出版。书中资料丰富。

纵观 20 世纪后半叶的服饰研究，客观地说，改革开放的局势，活跃生动的学术气氛，充满生机的专业设置，为服饰研究提供了绝好的空气、阳光与土壤，使我国服饰研究出现前所未有的灿烂景象。

人们对服饰研究的热情不断升温。在此基础上，有大量服饰专业书籍出版。人们将服饰分门别类进行深入研究。如《中华民族服饰文化》、《藏族服饰艺术》、《清代满族服饰》等，是从民族角度去研究服饰；《中国古代服饰风俗》、《小辫与小脚》等，是从民俗学角度去研究服饰；而《中国古代军戎服饰》、《中国京剧服装图谱》等书，则是根据不同服饰门类去进行研究。与此相关的是，考古事业的蓬勃发展，地下出土服饰实物的大量增加，加之地面宗教寺窟和早期岩画上的服饰形象，都为服饰研究提供了难得的形象资料。从目前看，虽然我国的服饰研究总的说还是落后于考古发现，但是随着研究的持续发展和不断深入，以及与考古学的日益契合，将会促进整体研究水平的快速提高。

今后服饰研究中需要注意的问题有以下两点：第一，因早期的服饰史专著，多撰写于 1979 年以前，即使重新出版时内容有所增订，也毕竟难以涉及最新出土的文化遗存。这几乎成为此类著作无法弥补的遗憾。因此，不应固守某一权威论著而不去客观地看待新的考古发现及研究成果。第二，研究者仅局限于考古中的考证，不及其他。古代服饰实物作为服饰研究的第一手资料当然重要，但如果仅依靠考古发现去论证古籍记载，而不能将之提升到文化的高度上来研究，那无异于将自己局限在一个狭小的范围里。实际上，只有对服饰进行全方位的文化性研究，才能适合新世纪的需求。这也是当前思维方式的现代化趋向，适应国际学术研究规范的要求。

总之，我国的服饰研究工作任重道远，需要一代一代人不断努力。

图书在版编目（CIP）数据

古代服饰/华梅著． －－北京： 文物出版社， 2004.2
（2023.8重印）
（20世纪中国文物考古发现与研究丛书）
ISBN 978－7－5010－1472－9

Ⅰ.古… Ⅱ.华… Ⅲ.服饰－考古－中国
Ⅳ.K875.2

中国版本图书馆CIP数据核字（2003）第031450号

20世纪中国文物考古发现与研究丛书

古代服饰

著　　者　华　梅

封面设计　张希广
责任印制　王　芳
责任编辑　王　戈
出版发行　文物出版社
社　　址　北京市东城区东直门内北小街2号楼
网　　址　http：//www.wenwu.com
印　　刷　文物出版社印刷厂有限公司
开　　本　850mm×1168mm　　1/32
印　　张　8
版　　次　2004年2月第1版
印　　次　2023年8月第4次印刷
书　　号　ISBN 978－7－5010－1472－9
定　　价　40.00元